B. Modestow

Der Gebrauch der Schrift unter den römischen Königen

B. Modestow

Der Gebrauch der Schrift unter den römischen Königen

ISBN/EAN: 9783955640323

Auflage: 1

Erscheinungsjahr: 2013

Erscheinungsort: Bremen, Deutschland

@ EHV-History in Access Verlag GmbH, Fahrenheitstr. 1, 28359 Bremen. Alle Rechte beim Verlag und bei den jeweiligen Lizenzgebern.

DER GEBRAUCH DER SCHRIFT

UNTER

DEN RÖMISCHEN KÖNIGEN

VON

DR. B. MODESTOW,
PROFESSOR AN DER UNIVERSITÄT DES HEIL. WLADIMIR ZU KIEW.

NACH DEM RUSSISCHEN.

BERLIN.
VERLAG VON S. CALVARY & COMP.
OBERWASSER-STRASSE 11.

MDCCCLXXI.

VORWORT.

Die kleine Schrift, die ich hier dem deutschen Publicum zur Beurtheilung vorlege, erschien zuerst in russischer Sprache zu Anfang des Jahres 1868 in Kasan, wo ich damals als Docent an der Universität über die Geschichte der römischen Literatur Vorlesungen zu halten hatte. Die Schrift war ursprünglich nur für das russische Publikum bestimmt, und wenn sie jetzt in deutscher Sprache erscheint, so ist dies theilweise dem Umstand zuzuschreiben, dass einige mir befreundete deutsche Gelehrte, denen sie zum Theil bekannt geworden war, gegen mich den Wunsch geäussert hatten, das Ganze in einer Sprache vor sich zu sehen, die mehr verbreitet wäre, als die meines Vaterlandes. Ich muss jedoch gestehen, dass ich mich nicht leicht habe entschliessen können, meinen Versuch, bei dem Reichthum der deutschen wissenschaftlichen Literatur, grade in dieser Sprache erscheinen zu lassen, um so mehr, da die Ansichten, denen ich Geltung verschaffen möchte, denjenigen entgegengesetzt sind, die heut zu Tage in Deutschland fast allgemein für die richtigen gehalten werden.

Das Motiv, durch welches ich veranlasst war, eine Abhandlung über die Spuren römischer Schriftdenkmäler der Königszeit zu schreiben, war die mehr und mehr in mir heranwachsende Ueberzeugung, dass der in Betreff der ältesten römischen Geschichte in der gelehrten Welt herrschend gewordene Skepticismus nicht die geringsten Resultate mehr zu liefern im Stande ist und jeder festen Grundlage entbehrt, dass die Willkühr, mit der die Gelehrten, jeder auf seine Weise die alten Ueberlieferungen zu beurtheilen sich erlauben, hinlänglich beweist, dass der Boden unter den Füssen dieser Forscher wankt, und endlich dass die skeptische Richtung bei den jüngsten Repräsentanten der Niebuhrschen Schule ihre Herkules-Säulen erreicht hat, hinter denen sich die römische Geschichte der ersten fünftehalb Jahrhunderte fast verschwindet.

Daher suche ich in meiner Abhandlung zu zeigen, dass die Schrift, die Livius als die einzige treue Bewahrerin der Erinnerung an alles Geschehene bezeichnet, in Rom weit früher bekannt war, als gewöhnlich angenommen wird, dass sie dort schon im Gebrauch war, als die ewige Stadt gegründet wurde, dass das lateinische Alphabet schon vor der Erbauung Roms in Latium zusammengestellt war und dass heute noch der Hymnus der arvalischen Brüder und die Fragmente der Gesänge der Salier Zeugniss ablegen zu Gunsten dieser uralten Schrift.

Ich verheimliche mir nicht die Mängel der Arbeit, welche ich jetzt deutschen Lesern vorzuführen mir erlaube; dagegen hoffe ich, dass ihr Urtheil nicht gar zu streng ausfallen wird, wenn sie einerseits die Schwierigkeit der Aufgabe in Betracht ziehen, anderseits aber bedenken, dass ich, in so weiter Entfernung von den grossen Mittelpunkten der geistigen Thätigkeit, genöthigt war auf die Benutzung so mancher mehr oder weniger für mich wichtigen Hülfsmittel zu verzichten. Mein Versuch macht auf Nachsicht Anspruch. Meinen Hauptgedanken stets festhaltend, liess ich die Abrundung des Ganzen zurücktreten und berührte nur beiläufig, was sich nicht direkt auf meinen Zweck bezog und meiner Meinung nach schon von Andern zur Genüge bearbeitet worden war. Auch war es überhaupt nicht meine Absicht, an die Abfassung eines durchgearbeiteten Werkes über die römische Schrift zur Zeit der Könige zu gehen — ein solches Werk zu liefern, fühlte ich mich von Haus aus nicht im Stande —; mir lag es vielmehr nur daran, verschiedene Fragen anzuregen, deren Lösung ich gern einer geübteren und geschickteren Hand überlasse.

In der deutschen Ausgabe meiner Abhandlung habe ich manche Veränderungen vorgenommen, welche hauptsächlich darauf beruhen, dass die deutsche Ausgabe nicht unbedeutend verkürzt ist. Solche Verkürzung hat besonders das Capitel III. erfahren, wo ich den Abschnitt, die Götter der Indigitamenta betreffend, weggelassen habe, in der Ueberzeugung, über diesen Gegenstand nichts neues zu dem hinzufügen zu können, was darüber schon von den Gelehrten Deutschlands bekannt gemacht worden war. Im Capitel VI. habe ich das Verzeichniss und die Erklärung der sogenannten Salischen Wörter ausgelassen, weil ich nicht dasselbe wiederholen wollte, was in der deutschen Literatur nach Gutberleth von Corssen und Bergk durchgeführt ist. Aus demselben Grund ist in dieser Ausgabe die Tabelle des dorischen, faliskischen und lateinischen Alphabets weggelassen, da der Leser, um eine solche Tabelle zu haben, nur die bekannten Werke von Mommsen und Kirchhoff nachzusehen braucht. Es sind aber einige Veränderungen auch anderer Art in der deutschen Ausgabe zugelassen, welche direkt den Inhalt berühren. So habe ich das Capitel V (die Annalen der Pontifices) bedeutend umgearbeitet und ich bin zu Folgerungen gekommen, welche früher mir nicht zulässig schienen. Bei der Erklärung des Hymnus der Arvalbrüder musste ich auch in einigen Stellen meinen früheren Ansichten entsagen und neue Combinationen aufstellen. Endlich ist diese Ausgabe bereichert mit den Citaten aus den einschlagenden Werken, welche nach der Publication der russischen Ausgabe meiner Abhandlung erschienen. Zu solchen Werken gehört Henzen's »Scavi nel bosco sacro dei Fratelli Arvali, Roma, 1868)«, Dyer's »The History of the kings of Rome (London, 1868)«, die zweite Ausgabe des bekannten Corssen'schen Werkes »Ueber Aussprache, Vokalismus und Betonung der lateinischen Sprache (Leipzig, 1868—70)« und einige andere.

Ich kann dieses Vorwort nicht schliessen, ohne meinen innigsten Dank den deutschen Gelehrten auszusprochen, welche bei der Correctur der Druckbogen mich freundlichst unterstützten: den Herren Professoren Chr. Bähr und H. Köchly in Heidelberg, wohin mir die Mehrzahl der Correcturbogen zugeschickt wurde, und Herrn Prof. A. W. Zumpt in Berlin, wo die Correctur der vier letzten Druckbogen abgemacht wurde. Ausserdem kann ich nicht Herrn Professor Fr. Dor. Gerlach in Basel ohne dankbare Anerkennung übergehen, dessen Ansichten über die Glaubwürdigkeit der älteren römischen Geschichte nicht ohne Einfluss auf den Geist meiner Schrift geblieben sind. Er war der erste, der mir den Muth gegeben hat, die deutsche Ausgabe gegenwärtiger Schrift zu publiciren und hatte die Güte, die ersten zwei Capitel noch in der Handschrift zu lesen.

Berlin, den 24. September 1870.

Zu meinem grossen Bedauern ist das Buch nicht frei von manchen Druckfehlern, wie auch einigen undeutschen Ausdrücken geblieben. Daran leidet besonders das erste Capitel, welches natürlicherweise meine Unerfahrenheit im Deutschen am meisten verräth. Als sinnstörend bemerke ich nur eine Stelle: der Leser wird ersucht, die Worte nach Rom auf S. 11 Z. 2 v. o. auszustreichen.

INHALT.

Vorwort.

I. Capitel.

Seite.

Die Entstehung des lateinischen Alphabets und der Beginn der Schrift bei den Römern   1

> Die Schwierigkeit der Lösung der Frage über die Zeit der Entstehung des lateinischen Alphabets. — Meinungen der alten und neueren Schriftsteller über die Entstehung desselben. — Der Weg, welcher zur Lösung dieser Frage führt. — Das lateinische Alphabet entstand in Latium während der vorrömischen Epoche. Von wo kam das Alphabet nach Latium? — Die Eintheilung der italischen Alphabete in zwei Gruppen und Eigenthümlichkeiten jeder derselben. — Die Entstehung der lateinisch-faliskischen Gruppe aus dem dorischen Alphabet der süd-italischen Kolonien. — Die ursprüngliche Zahl der Buchstaben im lateinischen Alphabet.

II. Capitel.

Die Gesetze und Verträge der Könige (leges regiae und foedera regum) 28

> Hinweisungen der alten Schriftsteller auf die königlichen Gesetze und Ungewissheit der Quellen, auf welche diese Hinweisungen gemacht werden. — Die Sammlung des Papirius und der Grad ihrer Echtheit. — Die Art, wie bis auf die spätesten Zeiten die königlichen Gesetze sich erhalten konnten. — Die bis auf unsere Zeit erhaltenen königlichen Gesetze. — Die Verträge der Könige. — Die Zweifellosigkeit der Existenz einiger von ihnen und die Schwierigkeit die Echtheit der anderen, von den alten Schriftstellern erwähnten Verträge, zu beweisen.

III. Capitel.

Schriftthum der Priester. Die Bücher der Pontifices (libri pontificum) 46

> Verschiedenartigkeit der priesterlichen Literatur in der Periode der Könige. — Die Bücher der Pontifices in ihrer verschiedenen Gestaltung und Benennung spielen die erste Rolle in dieser Literatur. — Bedeutung der Pontifices in der römischen Hierarchie. — Schwierigkeit mit Bestimmtheit den Inhalt der verschiedenartigen Bücher der Pontifices nach den Citaten der alten Schriftsteller anzugeben. — Indigitamenta. — Bedeutungen der heiligen Bücher dieses Namens. — Inhalt der Indigitamenta.

IV. Capitel.

Die Commentarien der Pontifices und der römische Kalender 67

    Verworrenheit der Hinweisungen der alten Schriftsteller, die auf die Commentarien der Pontifices sich beziehen. — Inhalt der Commentarien der Pontifices, insofern die Stellen, die bei den alten Schriftstellern auf dieselben hinweisen, ihn zu bestimmen erlauben. — Ausschliesslich religiöse Bedeutung des ursprünglichen römischen Kalenders. — Art und Weise seiner Zusammenstellung. — Spätere Veränderungen im römischen Kalender.

V. Capitel.

Die Annalen der Pontifices 87

    Das Zurückgehen der Priesterannalen (nach Cicero) auf die ersten Zeiten des römischen Staates, und Uebersicht der Zeugnisse der alten Autoren, welche diesen Gegenstand behandeln. — Wahrscheinlichkeit der Aufzeichnung wichtiger historischer Ereignisse in der Zeit der Könige. — Die Frage nach der Echtheit der Annalen der ältesten Zeit, welche gegen Ende der Republik vorhanden waren. — Unzulänglichkeit der Beweise für die Ansicht, dass die echten römischen Annalen während des gallischen Stadtbrandes untergegangen seien.

VI. Capitel.

Die Hymnen der Arvalbrüder (Carmina Fratrum Arvalium) und der Salierpriester (Carmina Saliaria) . 107

    Wichtigkeit des erhaltenen Hymnus der Arvalen und der Fragmente der Saliergesänge für unsere Untersuchung. — Alterthum der Einsetzung des Collegiums der Arvalen. — Die aufbewahrten Protocolle ihrer Sitzungen, und ihre Wichtigkeit für unsere Kenntniss dieser Genossenschaft. — Specieller Cultus der Arvalbrüder und die Feste der Dea Dia. — Der Hymnus der Arvalbrüder und sein hohes Alter. — Das Alter des Collegiums der Salier und ihr Charakter in Rom. — Feste der Salier zu Ehren des Mars und anderer Götter. — Die Gesänge der Salier und ihre Bezeichnung. — Aufbewahrte Fragmente aus denselben und ihre Erklärung.

Schlussbemerkung 137

Capitel I.

Die Entstehung des lateinischen Alphabets und der Beginn der Schrift bei den Römern.

Es giebt in den verschiedenen Wissenschaften Fragen, deren Lösung wegen ihrer Resultate ausserordentlich wichtig wäre, aber die Eigenthümlichkeit dieser Fragen ist von der Art, dass dieselben, leichter vorzulegen, als zu lösen sind. Zu der Zahl solcher Fragen gehört auch die über die Zeit der Erscheinung der Alphabete bei den alten Völkern Italiens überhaupt und bei dem lateinischen Volke im Besonderen. Mit diesem Gegenstande hat man sich sowohl in der älteren, als auch in der neueren Zeit beschäftigt; und obgleich viele Gelehrte, sowohl ältere als neuere, über denselben völlig begründete Meinungen ausgesprochen zu haben glaubten, so werden trotzdem in vielen Punkten neue Forschungen nicht überflüssig werden.

Die Schriftsteller der Alten versetzten die Entstehung des lateinischen Alphabets einstimmig in die pelasgischen Zeiten, von welchen dieselben eine ebenso dunkle Vorstellung hatten, wie wir. Aber sie gaben ihre Meinungen für eine zweifellose Thatsache aus, ohne sich im geringsten zu bemühen, auf die Erforschung derselben näher einzugehen, oder dieselben wenigstens durch begründete Beweise festzustellen. Es war einfach der allgemeine Glaube, welcher in Folge der langdauernden und Allen bekannten Ueberlieferung in Kraft getreten war. Wir führen die Meinungen der Bemerkenswertheren dieser Schriftsteller an. Dionysius von Halicarnass, indem er von den Arcadischen Auswanderern redet, welche unter der Anführung Evanders nach Italien kamen, und sich, wie bekannt, auf dem Palatinischen Hügel niederliessen, giebt unter Andern an: »man sagt, dass die Arcader zuerst den Gebrauch der griechischen Buchstabenschrift, welche kaum erst zu ihnen gelangt war, in Italien eingeführt haben[1].« Vollkommen übereinstimmend mit dem griechischen Rhetor schreibt auch Tacitus: »Die Etrusker erhielten ihre Buchstabenschrift von dem Corinther Demaratus, die Aborigener aber (d. h. die ältesten Bewohner Latiums) von dem Arcader Evander. Auch die Form der lateinischen Buchstaben ist dieselbe, wie die der ältesten griechischen[2].« Plinius der Aeltere führt in seiner Naturgeschichte an, indem er von Erfindung der Buchstabenschrift und dem Erscheinen derselben bei den verschiedenen Völkern spricht, dass die Pelasger[3] dieselbe nach Latium gebracht, und lenkt, wie auch Tacitus, auf einer andern Stelle die Aufmerksamkeit darauf, dass die alten griechischen Buchstaben fast dieselben gewesen seien, wie die jetzigen lateinischen[4], wobei er als Beleg dafür sich auf eine alte griechische Inschrift bezieht, welche in der Palatinischen Bibliothek sich erhalten hatte. In derselben Art schreiben auch die späteren lateinischen Schriftsteller[5]. Einige nennen, anstatt Evander, Hercules selbst als Urheber der Einführung des Alphabets in Italien, und Hyginus[6] schreibt die Umgestaltung der griechischen Schriftzeichen in die lateinischen der Carmenta, der Mutter Evanders, zu. Es ist augenscheinlich, dass alle diese Meinungen in unseren Augen nicht diejenige Glaubwürdigkeit haben können, welche ihnen die Autoren selbst zuschrieben. Sie sind für uns von Interesse als Ausdauer der Ueberzeugung der Alten, dass einerseits die Einführung der Buchstabenschrift in Latium der ältesten Epoche gehört, und dass andererseits die Buchstabenschrift nach Italien aus Griechenland gelangt ist.

---

[1] A. R. I, 33.
[2] Ann. XI, 14.
[3] N. H. VII, 56, 193, ed. Jahn.
[4] Ibid. VII, 57, 20.
[5] Max. Vict. ed. Putsch. p. 1944; Max. Vict. p. 2468; Hyg. Fab. p. 277. Siehe ebenfalls Plut. Qu. R. 59.
[6] Ibid.

Während die alten Schriftsteller den Ursprung des lateinischen Alphabets so weit ins Alterthum zurückversetzen, suchen die neueren und besonders die neuesten Gelehrten die Entstehung desselben in eine bedeutend spätere Zeit zu versetzen. Während die Alten bei der Lösung vieler Fragen in ihrer Geschichte auf die Ueberlieferung fussten, welche als die einzige Quelle für die Lösung der Aufgaben blieb, welche sich auf das tiefe Alterthum beziehen, lassen sich die neuesten Gelehrten, ganz im Gegentheil, bei der Lösung derselben Aufgaben von einem Skepticismus leiten, welcher seit der Zeit Niebuhrs in Deutschland keine Grenzen kennt. Es ist hier nicht der Ort, sich über das Verhalten der neuesten historischen Kritik zur ältesten Römischen Geschichte auszulassen, jedoch kann nicht verschwiegen werden, dass diese Kritik beständig an einem Fehler leidet, welcher ihren Grund untergräbt: sie verfährt willkürlich mit den Ueberlieferungen. Diese Willkühr äussert sich nicht nur in der Erklärung der Ueberlieferungen je nach dem persönlichen Geschmack der Gelehrten, sondern auch darin, dass die Kritik, indem sie der Ueberlieferung in ihrer reinen Gestalt überhaupt das Recht abspricht, als Beleg für die historische Wahrheit zu dienen, sich ohne jeden Grund oft auf diejenigen Ueberlieferungen stützt, welche in einem bestimmten Falle der Idee des Gelehrten entgegenkommen. Gerade so verfährt bei Lösung der Frage über das Alter des lateinischen Alphabets einer der begabtesten und gelehrtesten Forscher der Römischen Geschichte, der selige A. Schwegler. Indem er alle Ueberlieferungen der Alten über die Zeit der Einführung der Buchstabenschrift in Latium verwirft, bleibt er bei den von uns angeführten Worten des Tacitus (welche jedoch einen offenbaren Anachronismus enthalten) über die Einführung des Alphabets in Etrurien durch den Corinther Demaratus stehen. Da der Corinther Demaratus für den Vater des Tarquinius des Aelteren nach der Ueberlieferung gehalten wird, so zieht Schwegler auch daraus den Schluss, dass die Römer nicht vor der Zeit der Herrschaft der Tarquinius[1]) in Rom mit der Buchstabenschrift bekannt wurden. Nachdem er diesen

---

[1]) Röm. Gesch. I, p. 26.

augenscheinlich unbegründeten Schluss aus der durch nichts bestätigten Sage von der Einführung der Buchstabenschrift in Etrurien durch Demaratus[1]) zugelassen, bemerkt er nicht den Widerspruch, indem er unmittelbar darauf behauptet, dass die Römer ihr Alphabet nicht aus Etrurien, sondern aus der griechischen Colonie Cumae entlehnt haben, mit welchen, wie er willkürlich äussert, die Römer vor der Herrschaft der Tarquinier[2]) keine Verbindungen gehabt hätten. Wie es immer der Fall ist, einen Gelehrten mit einem berühmten Namen folgen auch andere. Die Meinung Schweglers wiederholt auch Corssen[3]).

Wenn auch die Meinung Schweglers und seiner Nachfolger den Character einer durch nichts zu rechtfertigenden Willkühr trägt, so verliert die Meinung zweier anderer, nicht weniger bemerkenswerthen Gelehrten, Otf. Müllers und Lepsius, darüber dass die lateinische Schrift nicht vor dem Ende des III. Jahrhunderts seit der Gründung Roms aufgenommen, und dass die Römer bis zu dieser Zeit nach Müller[4]) tuskisch oder griechisch geschrieben hätten, bei dem Grade, bis zu welchem die gegenseitigen Beziehungen der italienischen Alphabete gegenwärtig ausgearbeitet sind, jede wissenschaftliche Bedeutung, obgleich diese letztere Meinung in den 20er oder 30er Jahren unseres Jahrhunderts wohl nicht sonderbar erscheinen konnte. Seine Meinung über die Bildung der lateinischen Schrift nicht vor dem Ende des 3ten Jahrhunderts Roms, eine Meinung, welcher auch Lepsius folgt, gründet O. Müller auf den Umstand, dass das lateinische Alphabet selbst in

---

[1]) Wenn man von irgend einer Beziehung des Demaratus zur etrurischen Buchstabenschrift spricht, so kann man allenfalls mit der Voraussetzung Gori's und Lanzi's übereinstimmen, dass Demaratus eine Reform im etrurischen Alphabet vorgenommen habe. Siehe Lanzi, Saggio di lingua Etrusca. Roma. 1789. II. p. 597.

[2]) Röm. Gesch. Ibid.

[3]) Ueber Aussprache, Vocalismus und Betonung der lateinischen Sprache. Leipzig. 1858. p. 3. Die Meinung Ampère's, welcher die Einführung der Schriftsprache in Rom Servius Tullius zuschreibt, steht unabhängig von Schwegler da. S. Histoire Romaine à Rome. Paris 1862. II. p. 135.

[4]) Müller, Etrusker, IV. p. 311. Lepsius, De tabulis Eugubinis. Berol. 1833. p. 23.

seinen ältesten Denkmälern die neuesten Buchstabenformen, von denen es auch in der Folge wenig abweicht, aufweist. Aber O. Müller hat vor Allem nicht die gehörige Aufmerksamkeit dem Umstande geschenkt, dass die ältesten Denkmäler der lateinischen Schrift, welche auf uns gekommen sind, einer verhältnissmässig späteren Zeit angehören, wie z. B.; zwei volle römische Ass, aus einer nicht späteren Zeit als 490 Jahre seit der Gründung Roms[1]), einige Münzen, welche Theile des ältesten Asses[2]) ausmachen, zwei volle römische Asse aus der Stadt Luceria[3]), eins aus der Stadt Hatria[4]) und drei kleine Münzen aus demselben Orte[5]), noch einige Kupfermünzen[6]) und eine Reihe silberner Münzen[7]); dann die cista praenestina[8]), einige Inschriften auf Bechern (pocolom[9]) und auf Spiegeln[10]), eine Inschrift auf dem Grabe Scipio's des Bärtigen[11]) und noch einige ältere Inschriften. Alle diese Schriftdenkmäler reichen, was ihr Alter anbetrifft, nicht über die Mitte des V. Jahrhunderts Roms hinaus. Welchen Schluss kann man, folglich, aus denselben über die lateinische Palaeographie — ohne von einer sehr frühen Zeit zu sprechen — wenn auch nur aus der Zeit der Aufstellung der XII Tafeln, ziehen? Indem Müller die allgemeine Einführung der lateinischen Schrift ungefähr in die Zeit der Herausgabe dieser Gesetze verlegt, hat er ausser Acht gelassen, dass die lateinische Schrift schon lange vor dieser Zeit eingeführt und allallgemein bekannt werden musste, was die lebhaft gefühlte Nothwendigkeit der öffentlichen Bekanntmachung der Gesetze beweist. Es ist natürlich, dass diese Feststellung der Schrift,

---

[1]) Ritschl, Priscae latinitatis monumenta epigraphica. Berol. 1862. tab. V. A und B; Mommsen, Inscriptiones latinae antiquissimae. Berol. 1863, p. 3—4. No. 12.
[2]) Mommsen, ibid. p. 4, No. 3—4.
[3]) Ritschl, tab. V. D., VI, IV; Mommsen, ibid.
[4]) Ritschl, tab. V. F., Mommsen, p. 4, No. 6.
[5]) Ritschl, tab. V. G, H, J; Mommsen, ibid.
[6]) Ritschl, tab. V und VI; Mommsen, p. 4, No. 8—9.
[7]) Mommsen, p. 5—8, No. 10—21.
[8]) Ritschl, tab. I A; Mommsen, p. 25.
[9]) Ritschl, tab. X; Mommsen, p. 23—24.
[10]) Ritschl, tab. I, XI; Mommsen, p. 25—26.
[11]) Ritschl, tab. XXXVII; Mommsen, p. 16.

wie sie zur Zeit der Herausgabe des Gesetzes der XII Tafeln[1]) erscheint, eine längere Zeitperiode nöthig machte. Er wusste nicht, dass es eine Zeit gab, in der das lateinische Alphabet, gleich allen übrigen italischen Alphabeten, von der rechten zur linken Hand ging, wie es unzweifelhaft geworden ist nach der Entdeckung der faliskischen Inschriften[2]) durch den Jesuiten Garrucci, in welchen die Schreibart von der rechten Hand zur linken gebraucht wird. Das faliskische Alphabet bildet, wie es von Haus aus augenscheinlich und von Allen für wahr angenommen ist, die es durchgenommen[3]) haben, mit dem lateinischen eine Gruppe, oder stellt, richtiger, die älteste Form eines und desselben Alphabets dar; aber während das lateinische Alphabet unter dem Einfluss der Nachbarschaft und der Verbindungen der Römer mit den griechischen Städten Campaniens immer mehr und mehr umgestaltet wurde, blieb das Faliskische auf der älteren Form stehen. Der endliche Uebergang der lateinischen Schreibart in die Richtung von der linken Hand zur rechten und zu jenen neuen Formen einiger Buchstaben wie Z, welches in den faliskischen Inschriften die Form Ϝ hat, oder wie H, welches in den faliskischen Inschriften in der alt-dorischen Form ᗐ erscheint, wie M, welches im faliskischen Alphabet, obgleich in einigermassen veränderter Gestalt, noch die fünflinige Form des Alphabets der Chalcidischen Colonieen in Italien — ᙏ — beibehält, erforderte natürlich nicht e i n Jahrhundert[4]).

---

[1]) Siehe Mommsen, Unteritalische Dialecte. Leipz. 1850. p. 23. Desselben Römische Geschichte, I, p. 211. 3te Aufl.
[2]) Annali dell' instituto di corrispondenza archeologica. 1860. tab. XXXII. p. 211. mit den Tafeln F. G. H.
[3]) Mommsen in den Monatsberichten der Akademie der Wissensch. zu Berlin. 1860. p. 453; Detlefsen in dem Bulletino dell' instituto di corrispondenza archeologica. 1861. p. 198; Kirchhoff, in den Abhandlungen den Akademie der Wissensch. zu Berlin. 1863. p. 229 und 234; Noël des Vergers, L'Etrurie et les Etrusques. Paris 1862—64. III. p. 49.
[4]) Die Tabellen der Alphabete kann der Leser in Mommsens Unteritalischen Dialecten, Taf. I (ohne das faliskische Alphabet) finden; bei Kirchhoff in den Studien zur Geschichte des griechischen Alphabets. Taf. II, und auf Seite 230 in dem obenerwähnten Bande der Abhandlungen der Berliner Akademie, und bei Noël des Vergers III, tab. XL.

Hieraus kann man, ohne von anderen Gründen zu reden, welche wir zu Gunsten des hohen Alters des lateinischen Alphabets anführen werden, ersehen, wie unbegründet die von Lepsius bestätigte Meinung Otfried Müllers darüber ist, dass das lateinische Alphabet sich nicht vor dem Ende des 3ten Jahrhunderts seit der Gründung Roms gebildet habe.

Die zahllosen Zeugnisse der Schriftsteller des Alterthums, welche auf die verschiedenen Denkmäler der römischen Schrift während der Königszeit hinweisen, wie die königlichen Gesetze (leges regiae), die Bundesverträge der Könige (foedera regum), die Bücher der geistlichen Collegien (libri pontificum, commentarii pontificum, libri augurales u. s. w.), müssen natürlich die Aufmerksamkeit eines jeden auf sich ziehen, den nur die Frage über das Alter der römischen Schriftdenkmäler interessirt. Viele Gelehrte legen einen grossen Unglauben an diese Hinweisungen der Schriftsteller des Alterthums an den Tag, uud deshalb ist die Frage über die Schriftdenkmäler der Römer während der Königsperiode noch bis jetzt sehr wenig ausgearbeitet geblieben. Indessen ist aber eine ausführliche Erforschung derselben, da sie augenscheinliche Wichtigkeit für die Begründung der römischen Geschichte hat, zu gleicher Zeit am meisten geeignet, uns zu einem bestimmten Resultate in der Frage über das Alter des lateinischen Alphabets zu führen. In dem weiteren Verlaufe unserer Untersuchung wollen wir Alles durchnehmen, was, unserer Meinung nach, die Schriftdenkmäler während der Königsperiode bildete. Zur Lösung der uns jetzt beschäftigenden Frage wollen wir nur bei denjenigen Denkmälern dieser Schrift stehen bleiben, deren Existenz nicht dem geringsten Zweifel unterliegt, und auf Grund derer wir mit Hülfe anderer Beweisgründe unsere Schlüsse über das Alter des lateinischen Alphabets ziehen wollen.

Als Ausgangspunkt zur Bestimmung des Alters der lateinischen Schrift bietet sich ein schriftliches Dokument aus der Zeit des Servius Tullius dar, ein Dokument, dessen Echtheit nicht einmal dem Zweifel selbst solcher Leute unterworfen ist, welche mit aussergewöhnlichem Skepticismus auf die älteste römische Geschichte blicken[1]). Dieses Dokument ist ein Bundesvertrag des Servius Tullius mit den lateinischen Städten. Es war auf einer kupfernen Säule im Tempel der aventinischen Diana eingegraben und hatte sich bis zu der Zeit des Dionysius von Halicarnass erhalten, welcher dasselbe mit eigenen Augen gesehen hat[2]). Der Gebrauch der Schrift zu den Völkerverträgen zur Zeit des Servius Tullius beweist vor allen Dingen, dass dieselbe zu jener Zeit nicht nur in Rom, sondern auch in ganz Latium bekannt war; wie es aus der Sachlage selbst ersichtlich ist. Aber wenn dieselbe eine verhältnissmässig so weite Verbreitung hatte, so ist es unumgänglich, eine gewisse Zeitperiode vorauszusetzen, welche die Schrift durchleben musste, bevor sie eine (für jene Zeit) so weitverbreitete Nutzanwendung in den Staats- und internationalen Angelegenheiten erhalten konnte. Daher muss die Behauptuug Ampère's sonderbar erscheinen, dass die Schrift zu Servius Tullius Zeiten nach Rom gekommen sei, und dass sein Bundesvertrag mit den lateinischen Städten das erste Schriftdenkmal Roms sei[3]). Ein Dokument aus der Zeit des Servius Tullius, welches internationale Bedeutung hatte, nach gemeinsamem Einverständniss der Vorstände der lateinischen Städte abgefasst war, und folglich die nothwendige Voraussetzung hervorruft, wie wir bereits ausgesprochen haben, dass die Schrift nicht nur in Rom, sondern auch in ganz Latium bekannt war, bezeugt deutlich, dass die Schrift nicht unter diesem Könige zum erstenmal hat aufkommen können, welcher — beiläufig gesagt — dieselbe noch zur Aufschreibung der Schätzungslisten behufs der von ihm errichteten Classen und Centurien[4]), gleich wie auch zur Aufschreibung anderer Gesetze[5]) benutzte, sondern auch unter seinen Vor-

---

[1]) Schwegler, Römische Geschichte, I, p. 21; Lewis, Untersuchungen über die Glaubwürdigkeit der altrömischen Geschichte. Deutsche Uebersetzung aus dem Englischen von Liebrecht. Hannov. 1863. I, p. 150.

[2]) A. R. IV, 26. Αὕτη διέμεινεν ἡ στήλη μέχρι τῆς ἐμῆς ἡλικίας ἐν τῷ τῆς Ἀρτέμιδος ἱερῷ κειμένη γραμμάτων ἔχουσα χαρακτῆρας ἑλληνικῶν, οἷς τὸ παλαιὸν ἡ Ἑλλὰς ἐχρᾶτο.

[3]) Ampère, l'Histoire Romaine à Rome. Paris. 1862. II, p, 135.

[4]) Fest. Pro censu classis juniorum ed. M. p. 246. Siehe auch Procum, p. 249.

[5]) Fest. plorare ed. Müll. p. 230.

gängern existirt hat. Der Bundesvertrag mit Gabii, welcher auf einem hölzernen mit Rindsleder überzogenen Schild aufgeschrieben war, und sich wenigstens bis zu Augustus Zeiten im Tempel des Sancus erhatten hatte, gehört eher Tarquinius dem Aelteren als Tarquinius Superbus an, welchem ihn Dionysius von Halicarnass[1]) zuschreibt. Im Verlauf unserer Untersuchung wird der Leser häufig Gelegenheit haben, sich davon zu überzeugen, dass die Schrift schon unter Numa Pompilius existirte, welcher nach der gemeinsamen und einstimmigen Aussage aller römischen Schriftsteller der religiöse Gesetzgeber Roms war. Dafür, dass die Schrift zum ersten mal unter Numa Pompilius angewendet oder eingeführt worden sei, haben wir gar keine Andeutungen; im Gegentheil haben wir Grund vorauszusetzen, dass dieselbe auch bei der Gründung des römischen Reichs existirt habe, da die alten Schriftsteller Gesetze, welche Romulus[2]) angehören, wörtlich, wenn auch in einer etwas neueren Sprache anführen. Mit einem Worte, indem wir diesen Weg gehen, dessen Geradheit und Folgerichtigkeit auch für den hartnäckigsten Skepticismus einleuchtend sein muss, können wir nicht anders als zu dem Schluss kommen, dass die lateinische Schrift nicht in Rom erfunden sei, sondern dass der Ursprung derselben schon in die vorrömischen Zeiten Latiums zurückzuversetzen ist. In einigen Bruchstücken der religiösen Gesänge der Salischen Priester und in einer Hymne der Arvalischen Brüder ersehen wir sogar die authentische Sprache, in welcher diese älteste Schrift redete, und mit welcher verglichen, sogar die Sprache der XII Tafelgesetze als eine sehr neue Sprache erscheinen muss. Es versteht sich von selbst, dass die Grenzen dieser ältesten Schrift sehr beschränkt waren, und sie wurde nur in den nothwendigsten Fällen, wenn es die Religion oder der Staat erforderte, gebraucht.

---

[1]) A. R. IV., 58. Siehe ebenfalls über diesen Vertrag bei Paulus Diaconus nach unter dem Worte Clypeum, ed. M. p. 56: Clypeum antiqui ob rotunditatem etiam corium bovis appellarunt, in quo foedus Gabinorum cumRomanis fuerat descriptum. Mommsen, Röm. Gesch. I, p. 212. 3. Aufl. (1861.)

[2]) Serv. ad. Virg. Aen. IV, 609; Fest. plorare, p. 230. Diese Gesetze werden von uns an gehöriger Stelle angeführt werden.

Indem wir immer mehr und mehr auf Grund der Untersuchung der Frage über die römischen Schriftdenkmäler zur Zeit der Könige zu dieser Ueberzeugung kamen, bestärkte uns die Bekanntschaft mit den von Garrucci herausgegebenen faliskischen Inschriften (oben hatten wir Gelegenheit über dieselben einige Worte zu sprechen und werden ihrer noch weiter unten erwähnen) noch mehr in der ausgesprochenen Voraussetzung. In derselben unterstützten uns auch allgemeine Betrachtungen über den Ursprung Roms und den Beginn seiner Geschichte. In der That, man darf nicht vergessen, dass das römische Volk kein besonderer Stamm ist, dessen Ursprung in ein fabelhaftes Alterthum zurückginge. Der Ursprung dieses Volkes fällt mit der Erbauung der Stadt Rom und der Bildung einer besonderen Bürgergemeinde in demselben zusammen. Rom aber erstand inmitten eines der Italienischen Völkerstämme, welcher, nachdem er in einer sehr entfernten Epoche eine Centralstellung unter den übrigen Italienischen Völkerstämmen eingenommen hatte, seit unvordenklichen Zeiten Städte und Bürgergemeinden hatte. Es erstand zu der Zeit, als Latium viele Städte besass, von denen einige, wie Laurentinum und Ardea, sich nach der Ueberlieferung in eine Zeit erstrecken, welche der Uebersiedelung der Trojaner nach Italien noch vorhergeht, als in Tibur, Aricia, Praeneste, Alba Longa, Tusculum, Gabii und anderen Städten von höchsten Alter das lateinische Leben in religiösen, Staats- und anderen Culturverhältnissen sich schon genugsam entwickelt haben konnte. Die vorrömische Geschichte dieser Städte ist uns sehr wenig bekannt, aber, nach der ausserordentlich raschen Entwickelung Roms zu schliessen, welches in eine verhältnissmässig sehr späte Zeit fällt, muss man annehmen, dass diese Städte zur Zeit der Entstehung Roms schon auf einer bedeutenden Stufe der Entwickelung standen. Das wird noch deutlicher, wenn wir berücksichtigen, dass in der Nachbarschaft Latiums unter anderem Völker lebten, deren höherer Entwickelungsgrad zur Zeit der Entstehung Roms keinem Zweifel unterliegt, wir sprechen von den Etruskern, welche von Latium durch die Tiber getrennt waren, und den Griechen des südlichen Italiens, deren Ansiedelungen sich weit nach Campanien hinauf erstreckten. Zieht man auf diese Weise das lange historische Bestehen Latiums in Betracht, welches nach Rom seit unvordenklichen Zeiten unter dem Einfluss gebildeter Völker gestanden hatte, so gelangen wir natürlich zu dem Schluss, dass man die Anfänge vieler Einrichtungen Roms, welches auf einem solchen Boden erstand, nicht in dieser Stadt selbst, sondern in dem Lande und bei dem Volke, wo diese Stadt entstand und sich entwickelt, d. h. in Latium, suchen muss. Denn es kann keinem Zweifel unterliegen, dass die ursprünglichen römischen Einrichtungen, sowohl die religiösen, als auch die Staatseinrichtungen, in engster Abhängigkeit von den Einrichtungen stehen, welche sich längst in den Städten Latiums und theilweise bei den benachbarten Völkern (den Sabinern, Etruskern) entwickelt hatten. Deshalb finden wir auch schon unter den ersten Königen in Rom eine vollkommen entwickelte Organisation des politischen und religiösen Lebens. Diese Organisation wurde durch dieselben Männer nach Rom gebracht, welche sich — es ist unbekannt, aus welchen Beweggründen — entschlossen, an den Ufern der Tiber eine neue Stadt zu erbauen und eine besondere bürgerliche Gemeinde zu bilden. Schon in der ersten Zeit der Existenz dieser Gemeinde finden wir bei ihr, neben der Existenz von königlicher Gewalt, Senat, den Auguren mit ihren Auspicien und anderen politischen und religiösen Einrichtungen, die Gesetze, welche das bürgerliche und kirchliche Leben betreffen, und überhaupt den Gebrauch der Schrift. Es giebt durchaus keine Spuren, welche auf die Entstehung der lateinischen Schrift in Rom selbst hinwiesen, im Gegentheil, sie tritt dort wie etwas Fertiges, Ausgebildetes und in den Gebrauch Eingeführtes auf, ebenso wie die königliche Gewalt, der Senat, die Auspicien der Auguren, u. s. w.

Damit Niemand glaube, unser Blick auf die Zeit der Entstehung des lateinischen Alphabets zeichne sich durch übermässige Kühnheit aus, führen wir einige sich auf denselben Gegenstand beziehende Erwägungen eines Gelehrten an, welchem man durchaus nicht Mangel an Skepticismus in Betreff der ältesten römischen Geschichte vorwerfen kann. Folgendes schreibt Mommsen, der die Geschichte und Palaeographie der Alphabete des alten Italiens auf das Sorgfältigste studirt hat: »Wer nun erwägt, dass in den ältesten Abkürzungen der Unterschied von γ c und x k noch durchgeführt ward, das aber der Zeitraum, wo die Laute in der Aussprache zusammenfielen, und vor diesem wieder der Zeitraum, in dem die Abkürzungen sich fixirten, weit jenseit der Entstehung der 12 Tafeln liegt; dass endlich zwischen der Einführung der Schrift und der Feststellung eines conventionellen Abkürzungssystems nothwendig eine bedeutende Frist verstrichen sein muss, der wird wie für Etrurien so für Latium den Anfang der Schreibkunst in eine Epoche hinaufrücken, die dem ersten Eintritt in der ägyptischen Siriusperiode in historischer Zeit, dem Jahre 1322 vor Christi Geburt näher liegt als dem Jahr 776, mit dem im Griechenland die Olympiadenchronologie beginnt[1]«. Diesen phonetisch-graphischen Erwägungen fügt Mommsen unmittelbar darauf auch Erwägungen hinzu, wie sie aus der Existenz von Spuren der ältesten Schriftdenkmäler fliessen.

Die Frage darüber, woher die Schrift nach Latium gelangt sei, ist in gegenwärtiger Zeit im Allgemeinen vorzüglich durch die von Mommsen[2]) angestellten und durch Kirchhoff[3]) vervollständigten Forschungen entschieden. Diese Forschungen führen uns vor Allem zu dem Resultat, dass die Italischen Alphabete ihren Ursprung nicht von dem phoenicischen, sondern von dem griechischen herleiten. Dieses wird, ausser anderen unbestreitbaren Beweisen, schon dadurch allein bestätigt, dass wir in den italischen Alphabeten Buchstaben begegnen, die in dem phoenicischen nicht vorkommen, sondern aus dem griechischen genommen sind, wie: ξ, φ, χ, υ. Ein anderes augenscheinliches Resultat dieser im höchsten Grade gewissenhaften und talentvollen Forschungen ist das, das diese Alphabete in zwei Gruppen eingetheilt werden, von denen das etruskische, umbrische, oskische,

---

[1]) Röm. Gesch. I, 211. 3. Aufl.
[2]) Sein bedeutendes Werk über diese Frage trägt den Titel: Die Unteritalischen Dialekte. Leipz. 1850. Seine übrigen Arbeiten über diesen Gegenstand werden weiter unten erwähnt werden.
[3]) Studien zur Geschichte des griechischen Alphabets in den Abhandlungen der Berliner Akademie. 1863.

nord-etruskische und das wenig bekannte sabellische Alphabet die eine, das lateinische und das unlängst entdeckte faliskische die andere bilden[1]). Endlich ist ein unzweifelhaft richtiges Resultat dieser Forschungen das, dass das lateinisch — faliskische Alphabet aus dem dorischen hervorgegangen ist, welches von den sicilischen und süd-italischen Städten gebraucht wurde, und am wahrscheinlichsten aus der ältesten griechischen Colonie in Italien — Cumae[2]) — nach Latium gekommen war.

Das besondere Interesse dieser Forschungen liegt in dem gewonnenen Resultate, dass die italischen Alphabete nicht aus einer Quelle stammen. Ihr Zerfallen in zwei Gruppen, welche ihren Ursprung aus verschiedenen Quellen herleiten, ist augenscheinlich. Wir wollen versuchen, auf Grund der oben erwähnten Forschungen in einem kurzen Abriss die Eigenthümlichkeiten jeder dieser Gruppen im Allgemeinen und Speciellen vorzuführen.

Die Alphabete der ersten Gruppe unterscheiden sich von denen der zweiten 1) dadurch, das sie alle, mit Ausnahme des oskischen, zwei Zeichen für die Zischlaute haben: eines derselben wird gewöhnlich M geschrieben und entspricht dem sigma des jonischen Dialekts, dem phönicischen samech, dem russischen c; das andere — Σ entspricht dem dorischen san (σάν), dem phönicischen schin, dem russischen ш. Das oskische Alphabet, welchem sich aus dieser ganzen Gruppe das lateinische am meisten nähert, hat nur einen Zischlaut S erhalten. 2) Die Alphabete der ersten Gruppe haben das unterscheidende Merkmal an sich, dass nicht eines derselben das phönicische koph, das griechische koppa, das lateinische Q besitzt, welches nur in den ältesten etruskischen

---

[1]) Mommsen, Unter. Dialekte, p. 3—34; Nordetruskische Alphabete auf Inschriften und Münzen, in den Mittheilungen der antiquarischen Gesellschaft zu Zürich. 1853, VII; Monatsbericht der Berliner Akademie, 1860, p. 452; Kirchhoff, Studien, p. 229.

[2]) Mommsen, Unteritalische Dialekte, p. 39; Röm. Gesch. I, p, 209. 3te Aufl. Kirchhoff, Studien, p. 228, 234. Ritschl, Zur Geschichte des lateinischen Alphabets im Rhein. Mus. 1869. XXIV, p. 1.

Inschriften¹) vorkommt. 3) Sie unterscheiden sich dadurch, dass in ihnen allen, ausser dem nordetruskischen, dem lateinischen F das Zeichen 8 entspricht; 4, dadurch, dass ihnen allen, ausser einigen nordetruskichen, das Zeichen O fehlt.

Im Speciellen hat jedes dieser Alphabete folgende Eigenthümlichkeiten.

Das etruskische Alphabet. Drei etruskische Alphabete sind uns erhalten. Das eine ist auf einem thönernen Gefässe, welches bei den Ausgrabungen aufgefunden worden, welche der Fürst Borghese im Jahre 1845 im Dorfe Bomarzo, 12 Meilen von Viterbo (im Päpstlichen Gebiete) unternommen hatte²). In demselben sind im Ganzen 20 Buchstaben. Zwei andere etruskische Alphabete werden an den zwei nolanischen Patéren aufgefunden, welche sich jetzt im Museum zu Neapel befinden³). Aus diesen Alphabeten, welche unter einander wenig Unterschied darbieten, ist ersichtlich, dass die etruskische Schrift nicht die Buchstaben B, D, G hatte. An Stelle des griechischen gamma steht bei den Etruskern, wie bei den Latinern, C. Aber in dem ersten nolanischen Alphabet erscheint dieser Buchstabe wiederum an der Stelle von K. Es ist ersichtlich, dass die Etrusker die Laute γ (c) und $\varkappa$ nicht von einander unterschieden; deshalb ist auch in zwei anderen Alphabeten an der Stelle des griechischen $\varkappa$ kein entsprechender Buchstabe. In den Inschriften, besonders in den ältesten, kommt auch die griechische Form K⁴) vor, welche durch das lateinische C allmälig verdrängt worden ist. Weiter haben alle drei Alphabete das Z an der Stelle, welche diesem Buchstaben im griechischen Alphabet zukommt.

---

¹) Kirchhoff, Studien. p. 231. Uebrigens ist in der etruskischen Schrift dieser Buchstabe eher ein Zeichen, welches zur Trennung der Wörter gedient hat, als ein wirklicher Buchstabe, wie es aus der Inschrift zu ersehen ist, welche von Lanzi angeführt ist (Saggio di lingua Etrusca, II, p. 649 der obenerwähnten Ausgabe), wo in einer Zeile drei Q vorkommen. Siehe die Anmerkung zu dieser Inschrift von O. Müller in den »Etruskern«, IV, p. 306, Anmerkung 69.

²) Bulletino dell' Instituto di corr. archeolog., 1846, p. 7. Mommsen, Unterital. Dialekt. p. 3.

³) Eines derselben wird bei Mommsen angeführt in Unterital. Dialekte, Tafel I, No. 14, das andere unter No. 15.

⁴) Lanzi Saggio u. s. w. I, 209, II, p. 191, Nr. 189, 191, 192, 194.

Aber in dem zweiten nolanischen Alphabet kommt dieses Z noch zum zweiten mal an der Stelle von S vor, (was einen Begriff über die Aussprache des Buchstaben S bei den Etruskern giebt) welches dieses Alphabet nicht bietet. Alle drei haben an Stelle des lateinischen F ein digamma in der Form ⊐ (ein solches digamma kommt, unter anderem, in den corcyräischen Inschriften und auf dorischen Vasen[1]) vor, obgleich in der Rechtschreibung von der linken Hand zur rechten ⊏). Alle drei genannte etruskische Alphabete haben das theta. Nicht eines derselben hat koppa (Q), gleich wie auch das O, für welches die Etrusker keinen entsprechenden Laut hatten. In dem zweiten nolanischen Alphabete ist der Buchstabe R weggelassen, welcher jedoch immer in der etruskischen Buchstabenschrift existirt hat; dasselbe hat auch das T weggelassen. Zwei Alphabete haben das φ an dessen Stelle in dem zweiten nolanischen das digamma in der umgekehrten Form des lateinischen F steht. Alle haben das griechische χ in der Form ψ, welche in dieser Bedeutung auch in vielen griechischen Alphabeten vorkommt[2]). Die Etrusker schrieben, mit sehr wenigen Ausnahmen, immer von der rechten Hand zur linken.

Die nordetruskischen Alphabete. Eines der Hauptunterschiede dieser Alphabete von dem etruskischen liegt darin, dass denselben das O nicht fremd ist. Weiter haben sie nicht nur das B und D nicht, wie das etruskische, sondern auch keinen Buchstaben, welcher seinem Platze nach dem lateinischen C und dem griechischen γ entspräche. Aber das heisst nicht, dass diese Buchstaben niemals in den nördlichen etruskischen Alphabeten existirt hätten; in einer Inschrift vom Garda-See stehen ein C und ein B[3]) fast nebeneinander, und in einer Inschrift aus Padua[4]) ist sogar ein D, das in dem etruskischen Alphabet gar nicht existirt. Ein wichtiger

---

[1]) Siehe Mommsen, Unteril. Dial., Taf. 1, 4, 7; Kirchhoff Studien etc. Taf. 1, XVI; II, XI.

[2]) Die palaeographischen Eigenthümlichkeiten der etruskischen Alphabete siehe bei Mommsen in den Unterit. Dial., Taf. I, und bei Noël des Vergers in L'Étrurie et les Étrusques, III, pl. XL.

[3]) Mommsen, Nordetruskische Alphabete, Taf. II, No. 17.

[4]) Ibid. Taf. II, No. 25 A.

Unterschied dieser Alphabete von dem etruskischen liegt darin, das sie, wie wir schon bemerkt haben kein $8=F$ haben. In allem Uebrigen stimmen sie mit dem etruskischen überein[1]). Die Denkmäler dieser Alphabete haben keine bestimmte Richtung der Schrift: sie weisen uns Beispiele sowohl der neuesten Schrift — von der linken Hand zur rechten — auf, wie auch der ältesten schlangenartigen Furchenschrift, die ausserdem nur in zwei Inschriften der sabellischen Schrift (s. unten) und in einigen alten griechischen Inschriften aus Corcyra und dem Peloponnes vorkommen. Unter diesen zwei Schreibmethoden — der neuesten und ältesten finden wir in den nordetruskischen Inschriften sowohl die gewöhnliche Furchenschrift, als auch die dem etruskischen, umbrischen und oskischen Dialekte eigene Richtung der Schrift von der rechten Hand zur linken[2]).

Das umbrische Alphabet. Es unterscheidet sich wenig von dem etruskischen. Es hat das B, welches das etruskische nicht hat, aber kein γ (c), auch kein D. Von den Aspiraten existirt nur ϑ, und auch dieses vertritt oft das T[3]). Von dem Zischlauten kommt M vor, unterscheidet sich aber der Bedeutung nach nicht vom S. Es hat zwei neue Buchstaben: der eine bedeutet das mit s zusammengeschmolzene R (rs) und wird q[4]) geschrieben; die Bedeutung des anderen ist noch dunkel: er wird d geschrieben und in der lateinischen Schrift der umbrischen Denkmäler ʿS ausgedrückt. Lepsius[5]) meint, dass derselbe das *sch* bezeichnet; Mommsen[6]) hält ihn dem lateinischen X entsprechend. Die Richtung der Schrift geht bei den Umbrern von der rechten Hand zur linken. Ihre Schriftdenkmäler, die sogenannten Iguvischen Tafeln[7]), wurden

---

[1]) Die Tabelle dieser Alphabete s. bei Mommsen in den Nordetruskischen Alphabeten, Taf. III.

[2]) Siehe Mommsen, Nordetrusk. Alph., p. 222.

[3]) Mommsen, Unterit. Dial., p. 21.

[4]) Lepsius, de tab. Eug., p. 56.

[5]) Inscriptiones Umbricae et Oscae quotquot adhuc repertae sunt omnes. Lipsiae. 1841. p. 156.

[6]) Unterit. Dialekte, p. 22.

[7]) Der Erste, welcher hier die umbrische Sprache erkannte, war Buonarotta (in Demsters De Etruria Regali'). Nach ihm und Lanzi (Saggio di lingua Etrusca, vol. III) haben diese Denkmäler Grotefend (Rudimenta linguae Umbricae, Hann. 1835) Lepsius (in der eben genannten

schon im Jahre 1444 in der Stadt Gubbio entdeckt und waren ein Gegenstand des allermühsamsten Studiums.

Das sabellische Alphabet. Zur vollkommenen Wiederherstellung desselben sind gar keine genügende Data vorhanden. Aber eine Eigenthümlichkeit der sabellischen Schrift springt auffallend in die Augen: das ist die schlangenartige Furchenschrift, welche für die älteste Schriftart gehalten wird. Die Ueberreste des Gebrauchs derselben in Italien zeigen an, dass die Buchstabenschrift in einer so frühen Zeit nach Italien gekommen ist, wovon in den griechischen Denkmälern selbst fast keine Spur zurückgeblieben ist. Ein ausserordentlich wichtiger Umstand für die Lösung der Frage auch über das Alter des lateinischen Alphabets! Die Hauptdenkmäler des sabellischen Alphabets sind Inschriften aus Grecchio und Cupra[1]).

Das oskische Alphabet. Es kennt die Aspiraten gar nicht; aber dafür in demselben die Aspiration vermittelst des h, wie ph, th, kh bewirkt. In dem Oskischen sind ein B, C und D vorhanden. Der letzte Buchstabe erscheint in der Form eines umgekehrten lateinischen R, welches seinerseits im Oskischen, wie auch in den anderen Alphabeten etruskischen Ursprungs die Form des lateinischen D hat. Von den Zischlauten hat es nur das S (die Form M existirt schon gar nicht.) Das Z kommt vor, aber sehr selten. Das O fehlt, wie auch in allen Alphabeten dieser Gruppe, ausser einigen nordetruskischen, aber die Osker bildeten dasselbe mit Hülfe des V mit einem Punkte oben (V̇). Es existirt noch ein neues Zeichen Ⲕ, welches wahrscheinlich dasselbe bezeichnet, wie das griechische v oder das russische ю. Uebrigens muss bemerkt

---

Ausgabe), Aufrecht und Kirchhoff (Die Umbrischen Sprach-Denkmäler erläutert. Berlin 1849—51); endlich Huschke (Die Iguvischen Tafeln nebst den kleineren Umbrischen Inschriften. Leipzig 1859) herausgegeben und erläutert. In der neuesten Zeit gab diese Tafeln Fabretti heraus in seinem Corpus Inscriptionum italicarum, Aug. Taur. 1867, tab. VII—XVIII und pag. XI sqq. Derselbe entdeckte auch unlängst eine neue Umbrische Inschrift; doch ist uns seine Publication derselben (Sopra una iscrizione Umbra scoperta in Fossato di Vico, Tur. 1869) noch nicht zugänglich gewesen.

[1]) Siehe bei Mommsen, Unterital. Dial. Taf. II u. XVII u. p. 333.

werden, dass weder der eine noch der andere Buchstabe in den alten oskischen Schriftdenkmälern vorkommen[1]).

Der Stammvater aller dieser Alphabete war jenes griechische Alphabet, welches auf einem kleinen Gefässe in einem alten Grabe unweit Caere aufgefunden wurde und in den Besitz des General Galassi und darauf in das gregorianische Museum im Vatican kam. Dieses Alphabet ist auf dem Boden des Gefässes aufgekratzt, auf dessen Seiten sich ein etruskisches Syllabarium befindet. Ein mit diesem völlig ähnliches Alphabet wurde noch im XVII. Jahrhundert auf der Wand eines Grabes unweit Colle, sieben Meilen von Siena, aufgefunden, aber es bricht bei dem Buchstaben O ab. Es hat auch ein Syllabarium bei sich. Die ungewöhnliche Aehnlichkeit dieses Alphabets mit dem etruskischen[2]), gleich wie auch der Umstand, dass ein und dasselbe Alphabet an zwei verschiedenen Punkten des alten Etruriens aufgefunden worden, machen die Voraussetzung unbestreitbar, dass dieses ein griechisches Muster ist, aus welchem das etruskische Alphabet hervorgegangen ist[3]). Woher dieses Alphabet nach Etrurien gekommen, ist eine Frage, deren Lösung nicht abgeschlossen genannt werden kann. Dass es zur Abtheilung der dorischen Alphabete gehört, ist wohl keinem Zweifel unterworfen, da die wesentlichen Merkmale der letzteren — X in der Bedeutung von Ξ, und Ψ in der Bedeutung von X in demselben, von den aller competentesten[4]) Leuten anerkannt sind; aber es giebt in demselben Buchstaben, welche in keinem dorischen Alphabete vorkommen, — das phoenicische s a m e c h und z a d e, und ihm fehlt ein solcher, welcher sich in den meisten dorischen Alphabeten befindet, das k o p p a. Daraus entspringt das Schwanken Mommsens, das caeritische Alphabet zu irgend einer Gruppe der griechischen Alphabete zu zählen, und die

---

[1]) Derartige Schriftdenkmäler, die sich erhalten, und einige mal im Ganzen und theilweise herausgegeben worden sind, sind auch von Mommsen in den Unterital. Dialekten angeführt, p. 119 ff. Taf. V—XII

[2]) S. Mommsen, Unterital. Dial. Taf. I, 12, 13, 14; Noël des Vergers, L'Étrurie et les Étrusques. III. pl. XL.

[3]) Mommsen, Unterital. Dial. p. 15; Röm. Gesch. p. 210 3te Aufl.; Kirchhoff, Studien etc. p. 236.

[4]) Mommsen, Unterital. Dial. p. 10; Kirchhoff, Studien etc. p. 236.

Voraussetzung der Entstehung desselben in einer vorhistorischen Zeit[1]). Später hat Mommsen[2]) die Vermuthung über die Möglichkeit der Herleitung desselben von dem alt-attischen aufgestellt, welches früher als die anderen das koppa verloren hatte. Kirchhoff, im Gegentheil, zählt dieses Alphabet, auf Grund seiner eigenen Erwägungen, zur Abtheilung der chalcidischen. Er erklärt das Vorhandensein des samech durch seine Existenz nicht in der Eigenschaft eines Buchstaben, sondern in der Eigenschaft eines einfachen Zeichens; in ähnlicher Art, obgleich es mehr geschraubt, erklärt er auch das Vorhandensein des zade in diesem Alphabet, aber über das Fehlen des koppa bemerkt er, dass entweder das caeritische Alphabet aus einem der chalcidischen Alphabete in der Zeit hervorgegangen sei, als dieses letztere das koppa verloren hatte, oder dass der Schreiber, in welchem man einen Etrusker[3]) vermuthen muss, dasselbe einfach auf dem Gefässe ausgelassen habe. Die Erklärungen Kirchhoffs sind ihm augenscheinlich von dem System aufgedrängt, welches er hinsichtlich der ost- und west-griechischen Alphabete durchzuführen suchte, indem er den Ursprung aller italischen Alphabete aus der westlichen Gruppe der ersteren herleitet. Wir wollen auf eine weitere Behandlung dieser Frage nicht eingehen, indem wir dazu um so mehr Recht haben, als dieselbe nicht besonders nahe mit unserem Gegenstande verknüpft ist. Wir wollen jedoch bemerken, dass die Herleitung des etruskischen Alphabets unmittelbar vom phoenicischen, wozu Noël des Vergers seine Zuflucht nimmt, welcher viele Jahre den etruskischen Forschungen gewidmet und dafür sogar mit dem Leben gebüsst hat, uns ebenfalls wenig wahrscheinlich erscheint[4]).

Im Gegensatz der ersten Gruppe der italischen Alphabete, an deren Spitze das etruskische Alphabet steht, tritt in der zweiten, wo das lateinische Alphabet die erste Stelle

---

[1]) Unterital. Dial., p. 40.
[2]) Röm. Gesch. I, p. 209; 3te Aufl.
[3]) Studien etc. p. 236—239. — In der neuesten Zeit hat sich für das Herkommen des etruskischen Alphabets aus Süditalien ausgesprochen Lenormant in der Revue Archéologique, 1868, p. 198 (Mars.).
[4]) Noël des Vergers, L'Étrurie et les Étrusques, III, p. 47.

einnimmt, der Vocal O hervor, darauf das jenen Alphabeten fremde Q, ein Zischzeichen S, der Mangel an den Aspiraten ϑ, Φ und Ψ, das Fehlen des Zeichens 8, das hier durch F ersetzt ist, und der doppelte Gebrauch des V in der Eigenschaft eines Vocals und eines Consonanten.

Das lateinische Alphabet unterscheidet sich vom faliskischen, mit welchem es eine Gruppe bildet, durch die grössere Anzahl Buchstaben: im faliskischen fehlt der Lippenlaut B, welchen übrigens Detlefsen[1]) unrichtig in dem Zeichen ꓶ sieht, es fehlen die Kehllaute K und Q. Hierbei muss jedoch bemerkt werden, dass die Stellung des K auch in dem lateinischen Alphabet sehr unsicher erscheint. In palaeographischer Beziehung erregt der Unterschied in der Form folgender Buchstaben die Aufmerksamkeit: lat. F, fal. ↑; lat. Z, fal. ≠ Ⱶ; dem lateinischen H entspricht im Faliskischen die alte dorische Form ⊟, wobei im letzteren auch die lateinische Form existirt, dem lateinischen M entspricht die alte fünflinige Form ⱳ, dem lat. N das falisk. И, dem lat. T das fal. ✚, Ⱶ, dem lat. X das fal. ✚. Uebrigens ist im Allgemeinen die Aehnlichkeit zweier Alphabete so gross, dass sie gleichsam ein Alphabet in zwei verschiedenen Epochen darstellen. Dem Schicksal beliebte es, eine ältere Form in einem jüngeren Alphabet zu bewahren, welches sich bei einem kleinen Volke an den Grenzen Etruriens, Umbriens und des Sabinerlandes mit Hülfe des lateinischen Einflusses auf das südwestliche Etrurien[2]) bildete.

Wir sagten, dass das lateinisch-faliskische Alphabet seinen Ursprung von dem dorischen Alphabet herleitet, welches in den sogenannten chalcidischen Colonien Siciliens und des südlichen Italiens gebraucht wurde. Die Aehnlichkeit des lateinisch-faliskischen Alphabets mit dem dorischen ist ungewöhnlich gross. Davon kann man sich bei dem ersten Blicke auf die vergleichende Tafel dieser Alphabete überzeugen. Auf welchem Wege das dorische Alphabet nach Latium gekommen, ist nicht schwer zu sagen. Die älteste Geschichte

---

[1]) Bulletino dell' Instituto di corrisp. archeolog. 1861. p. 200.
[2]) Siehe die historischen Nachrichten bei Garucci in den Annali dell' Instituto di corrisp. archeolog. 1860. p. 211 und ff.

Roms weist uns nicht wenig Beispiele von Beziehungen der Römer zu den sicilischen und süd-italischen Städten auf. Als in der ersten Zeit der Republik (im Jahre 262 seit der Gründung Roms) die Römer nach Cumae und sogar nach Sicilien[1]) Schiffe sandten, um Korn einzukaufen, welches in Rom nach dem Auszug der Plebejer auf den heiligen Berg sehr im Preise gestiegen war, so waren das keine Beziehungen mit unbekannten Orten. Während des Krieges der Latiner mit Porsenna half ihnen Cumae[2]). In demselben Cumae wurden die Gebeine des Tarquinius Superbus bestattet[3]). Aus Cumae waren schon in der Königsperiode die sybillinischen Bücher nach Rom gebracht, wie es die römischen Schriftsteller einstimmig aussagen[4]). Zwischen den griechischen Städten und Rom fand schon unter Tarquinius dem Aelteren jene Geistesbeziehung statt, auf Grund deren Cicero von dem starken Strom spricht, in welchem die griechische Bildung in dieser Zeit nach Rom geflossen sei[5]). Es ist gar kein Grund vorhanden anzunehmen, dass die Beziehungen der Römer zu den griechischen Städten erst unter den Tarquiniern angefangen hätten. Dass dieselben weit früher als jene existirt haben, darauf weisen die Ueberlieferungen über den Pythagoreismus Numas hin. Man kann diesen Ueberlieferungen keinen Glauben schenken, aber wer wird sich getrauen, den Beginn der Beziehungen der Latiner zu den griechischen Colonien mit Bestimmheit anzugeben, welche sich in einer vorhistorischen Zeit im südlichen Italien gebildet hatten? Es ist augenscheinlich, dass diese Beziehungen auf dem Handelswege seit unvordenklichen Zeiten, besonders mit Cumae,

---

[1]) Liv. II, 34; Ventumque ad interitum servitiorum utique et plebis esset, ni consules providissent, dimissis passim ad frumentum coëmendum non in Etruriam modo dextris ab Ostia litoribus, laevoque per Volscos mari usque ad Cumas, sed quaesitum in Siciliam quoque.

[2]) Liv. II, 14; Arcessita deinde auxilia et a Latinis populis et a Cumis.

[3]) Liv. II, 21; Mortuus (Tarquinius) Cumis, quo se post fractas opes Latinorum ad Aristodemum tyrannum contulerat.

[4]) Siehe Schweglers Röm. Gesch. I, p. 802, Anmerk. 2.

[5]) Cicero de Rep. II, 19, 34; Influxit enim non tenuis quidam e Graecia rivulus in hanc urbem, sed abundantissimus amnis illarum disciplinarum et artium. Fuisse enim quendam ferunt Demaratum Corinthium u. s. w.

welches sich in dem mit Latium benachbarten Campanien gebildet hatte, existiren konnten. Deshalb bekräftigen wir gern die schon von O. Müller[1]) ausgesprochene Meinung, dass die Latiner ihr Alphabet aus dem griechischen Campanien erhalten haben, und meinen, übereinstimmend mit Mommsen[2]), dass das lateinische Alphabet am ehesten aus Cumae hervorgegangen, einer Stadt, mit welcher die lateinischen Städte auch in der Folge jene thätigen Verbindungen hatten, von welchen wir oben gesprochen haben. Unter dem Einfluss dieser Verbindungen in der auf die Annahme des Alphabets folgenden Zeit hatte sich das lateinische Alphabet je nach den graphischen Neuerungen, denen sein Stammvater, das griechische Alphabet, bei sich zu Hause unterworfen war, verändert, und war bis zu dem Zustande gelangt, in welchem es in den ältesten römischen Inschriften auftritt, deren Graphik den Formen des chalcidischen Alphabets der Inschriften aus dem Ende des 3ten Jahrhunderts Roms[3]) entspricht. Dass das lateinische Alphabet ursprünglich nicht dasselbe war, als welches es in den auf uns gekommenen Denkmälern erscheint, sondern sich im Laufe der Zeit verändert hat, das beweist nicht nur die Erhaltung einiger archaischer Formen in ihm selbst, sondern auch die entdeckten Inschriften eines faliskischen Alphabets, welches, während es einen und denselben Ursprung mit dem lateinischen hat, jedoch, mit letzterem verglichen, weit mehr alte Formen aufweist. Dabei erlauben wir uns, die oben ausgesprochene Ansicht zu wiederholen, dass auch die Richtung der Buchstaben der ältesten lateinischen Schrift dieselbe sein sollte, welche die neuentdeckten faliskischen Inschriften darbieten, d. h. von der rechten Hand zur linken.

Nach den Worten der lateinischen Grammatiker bestand das lateinische Alphabet ursprünglich aus 16 Buchstaben[4]). Eine solche Meinung haben sich die Grammatiker natürlich

---

[1]) Etrusker, IV, p. 312.
[2]) Unterital. Dial., p. 39.
[3]) Mommsen, ibidem.
[4]) Prisc. Inst. I, IV, 12, 15; Mar. Vict. p. 2459 ed. Putsch.; J. Lydus de mens. I, 9.

nicht auf Grund eines sorgfältigen Studiums der Geschichte des lateinischen Alphabets zu eigen gemacht, sondern sich dieselbe nach dem Muster der griechischen Grammatiker zusammengestellt, welche dem ursprünglichen griechischen Alphabet 16 Buchstaben zuschrieben [1]). Obgleich sich der Meinung der Grammatiker auch einige neuere Gelehrte, wie Grotefend [2]), Bähr [3]) und Bernhardy [4]) angeschlossen, so finden wir doch keinen Grund, auf welchen hin man in diesem Falle mit den Grammatikern in Einverständniss treten könnte. Dafür haben wir durchaus keinen festen Stützpunkt. Soweit die römischen Schriftdenkmäler in diese Frage eindringen lassen, bestand das älteste römische Alphabet aus 21 Buchstaben, ebensoviel zählen ihrer Cicero [5]) und Quintilian [6]) im lateinischen Alphabet auf. In der neuesten Zeit steht vorzüglich für das aus 21 Buchstaben bestehende Alphabet Mommsen [7]). Obgleich der Bau dieses aus 21 Buchstaben bestandenen und von neueren Gelehrten, für das älteste gehaltenen Alphabets auch durch die ältesten Schriftdenkmäler bekräftigt wird, haben wir doch Grund zu glauben, dass das Alphabet ursprünglich, wenigstens um einen Buchstaben, kürzer war. Das betrifft den letzten Buchstaben X, welcher dem griechischen ξ entspricht. Obgleich derselbe auch in sehr alten lateinischen Denkmälern vorkommt, sprechen nichts destoweniger wichtige Argumente gegen seine Einführung in das ursprüngliche lateinische Alphabet. Angenommen, dass das Zeugniss des Priscianus, welcher für bestimmt behauptet,

---

[1]) Prisc. I, IV, 12. Apud antiquissimos Graecorum non plus sedecim erant literae, quibus ab illis exceptis Latini antiquitatem servaverunt perpetuam. Ueber die Meinungen der griechischen Grammatiker hinsichtlich der Zahl der Buchstaben des ursprünglichen griechischen Alphabets, siehe Franz, Elementa Epigraphices Graecae. Berol. 1840. p. 14.

[2]) Lat. Gramm. II, §. 148. p. 161.

[3]) Gesch. der Röm. Literatur. 4. Aufl. I, p. 32.

[4]) Grundriss der Röm. Literatur. 4. Aufl. p. 172. Anmerk. 107.

[5]) De nat. deor. II, 37; Si innumerabiles unius et viginti formae litterarum ....

[6]) In. Or. 1, 4, 9; Et nostrarum ultima X, qua tam carere potuimus, quam Ψ non quaerimus.

[7]) Unterital. Dial. p. 30 und ff.

dass dieser Buchstabe erst später ins lateinische Alphabet[1]) eingeführt worden, keinen besonderen Werth hat, spricht schon der Umstand allein, dass dieser Buchstabe in den ältesten lateinischen Denkmälern, welche wir besitzen, nicht vorkommt, nicht zum Besten der Einführung dieses Buchstabens in das ursprüngliche lateinische Alphabet. Er kommt sogar nicht in der Grabinschrift Scipios des Bärtigen vor, welcher 456 n. Gr. R. Consul war, wo er hätte stehen müssen, wenn er in dieser Zeit in gehörigem Gebrauch gewesen wäre, nämlich anstatt des letzten Wortes dieser Grabinschrift *abdoucit* hätte *abdouxit* stehen müssen. Das erste ältere Denkmal, wo das X gebraucht wird, ist das berühmte *Senatusconsultum de Bachanalibus*, 568 n. Gr. R., aber auch hier verräth sein Vorhandensein noch keine sichere Gewohnheit in dem Gebrauch desselben, da es zweimal in dem Worte *extrad* mit einem darauf folgenden S vorkommt. Was das Vorhandensein desselben in der Inschrift auf der *Columna rostrata* anbetrifft, welche sich, ihrem Inhalte nach, auf den Sieg des Duillius über die Carthager (494) bezieht, so kann das nicht als Argument gegen uns dienen, da es in gegenwärtiger Zeit für Niemand ein Geheimniss ist, dass die jetzt im Hofe des Capitolpallastes der Conservatoren existirende Inschrift eine, wenigstens in graphischer Hinsicht, willkürliche Copie der Archaeologen aus der Kaiserzeit[2]) ist. Ein sehr wichtiger Umstand, auf welchen auch Corssen[3]) hinweist, ist der, dass ein solcher Grammatiker wie Nigidius Figulus niemals das X für einen wirklichen Buchstaben anerkennen wollte[4]). Die Menge von Beispielen in Inschriften, welche davon zeugen, dass anstatt des X auch in der Folge CS oder XS gebraucht wurde, wie in den Worten ucsori, lucserunt, bicsit, saxsum,

---

[1]) Inst. I, II, 7, p. 8, ed. Hertz. (X) quae novissime a Latinis assumpta post omnes ponitur literas, quibus Latinae dictiones egent, cfr. ibid. 14.

[2]) Momms. Unterital. Dial. p. 28; Ritschl, Inscriptio, quae fertur columnae Duellianae, Berol. 1852; Ritschl, De inscriptione columnae rostratae Duellianae. Berol. 1861.

[3]) Ueber Aussprache, Vocalismus und Betonung der lateinischen Sprache. Leipzig 1858. p. 4

[4]) Cassiodor. ed. Putsch. p. 2286.

proxsimum u. s. w.[1]), beweisen, dass dieser Buchstabe, obgleich in das lateinische Alphabet aufgenommen, dennoch seine Bedeutung in demselben sich nicht gehöriger Weise sichern konnte, und sogar für überflüssig gehalten wurde[2]). Endlich darf man auch das nicht ausser Acht lassen, dass das X in dem lateinischen Alphabet zuletzt erscheint, während es in dem griechischen zwischen N und O steht. Auf die Art sind wir geneigt zu glauben, dass das älteste lateinische Alphabet weniger als 21 Buchstaben enthielt, und am allerwahrscheinlichsten aus 20 bestand.

Es gehört nicht zu unserer Aufgabe eine Geschichte des lateinischen Alphabets zu schreiben, aber wir halten für nöthig, über das Schicksal desselben einige Bemerkungen zu machen. Der Buchstabe Z existirte, aller Wahrscheinlichkeit nach, in dem ältesten lateinischen Alphabet und stand auf der siebenten, aber nicht auf der letzten Stelle, welche, wie wir gesehen haben, schon in einer sehr frühen Zeit, der Buchstabe X einnahm. Er befindet sich nicht nur in einem der Bruchstücke einer Hymne der Salier, welche bei Varro[3]) erhalten sind, was schon den römischen Grammatikern den Gedanken von dem sehr alten Gebrauch dieses Buchstabens[4]) eingab, sondern wir sehen denselben auch auf den ältesten lateinischen Münzen[5]). Als in der Folge das Z immer mehr und mehr durch das S ersetzt wurde, verlor es gänzlich seinen Platz im lateinischen Alphabet, auf welchen im ersten Viertel des 6ten Jahrhunderts der freigelassene Grammatiker Sp. Carvilius Ruga den Buchstaben G[6]) setzte, welcher bereits nothwendig geworden und in der Schrift aufgenommen war. Der Laut, welcher durch diesen letzten ausgedrückt wurde, hatte zu seiner Bezeichnung in dem ursprünglichen römischen Alphabet den Buchstaben C, aus welchem durch eine geringe

---

[1]) S. Beispiele dieser Art bei Corssen, Ueber Aussprache, u. s. w. p. 5 und 124.
[2]) Quint. I, 4, 9.
[3]) Var. De Lingua Latina. VII, 26. ed. Müll.
[4]) Velius Longus de Orthogr. p. 2219, ed. Putsch.
[5]) Ritschl, Priscae latin. monum. epigr. tab. VII, 40, ibid. p. 11; Momms. Inscript. Lat. antiquissimae. p. 6. Coza, Cozano.
[6]) Plut. Qu. Rom., 59; Momms. Unterital. Dial. p. 32.

Formveränderung auch das *G* entstand. Spuren dieser ursprünglichen Bedeutung des *C* haben sich auch in der Folge in der Bezeichnung durch das *C* bei solchen Eigennamen erhalten, wo der Kehllaut dem gross-russischen *Γ*, wie Cajus und Cneus, entspricht[1]). Diese ursprüngliche Bedeutung des *C* wird auch durch die ältesten lateinischen Schriftdenkmäler bestätigt, wie z. B. durch die Inschrift auf der cista Praenestina[2]), wo *Macolnia* anstatt *Magolnia* oder *Malgulnia*[3]) steht, und durch die einleuchtenden Zeugnisse der alten Schriftsteller[4]) bekräftigt, zu welchen man auch die Antiquare zählen kann, welche die Inschrift auf der columna rostrata, wo *leciones, macistratos, exfociont, Cartaciniensis*[5]) geschrieben steht, redigirt haben. Diese Bedeutung des *C* bezeugen ebenfalls die Ueberreste der alten Rechtschreibung in vielen Wörtern, wie vicesimus, tricesimus u. s. w., welche ganz gleichbedeutend mit vigesimus, trigesimus war. Der letztere Umstand beweist unter anderem, dass *C* und *G*, wie auch oft in der neuen italienischen Sprache, niemals wesentlich in der Aussprache unterschieden waren. Während der Buchstabe *C* denselben Laut ausdrückte, welchen in der Folge *G* bezeichnete, wurde der dem russischen *K* entsprechende Laut in dem ältesten lateinischen Alphabet ebenfalls durch den Buchstaben *K* ausgedrückt: Kalendae, Kalumnia, Kaput, Käeso, Kaelius, und sogar Dekem (bres), wie es in einer alten Inschrift heisst[6]). Aber in dem Laufe der Zeit fing das *K* an aus dem Gebrauch zu kommen, und das *C* musste die Bedeutung sowohl des *G* als auch des *K* annehmen, welchem es zukam, bei gewissen sich auf das jus publicum oder jus privatum beziehenden Wörtern, wie Kalendae, Kalumnia, Kaput, oder einige Eigennamen, wie Kaeso am Anfang zu stehen. Ohne

---

[1]) Quint. I, 7, 28; Ter. Maur. p. 2402. ed. Putsch.
[2]) Ritschl, Priscae latin. monum. epigr. tab. I, A; Mommsen, Inscriptiones Lat. antiquiss., p. 25.
[3]) Mommsen, Unteritar. Dial. p. 28; Ritschl, Priscae lat. mon. epigr. tab. I, A; vgl. ibid. p. 111, wo mehrere Beispiele angeführt sind.
[4]) Mar. Vict., p. 2459. ed. Putsch. wo die Wörter Cabino, lece, acna angeführt werden.
[5]) Siehe in Ritschl's Ausgabe tab. XCV.
[6]) Mommsen, Unterital. Dial., p. 32.

Zweifel war das *K* niemals ganz aus dem Gebrauch gekommen. In späterer Zeit treffen wir seinen Gebrauch in verschiedenen Fällen, wo die richtige Orthographie ein *C* erfordert, insbesondere wenn der Kehllaut vor dem *A* steht, wie karissimo, karus, kanus u. s. w.[1]). Aber jedenfalls, nachdem die erste Periode des Schwankens zwischen *C* und *K* vorüber war, durch welches die Aufnahme eines neuen Zeichens *G* entschieden wurde, welches das frühere *C* ersetzte, fing dieser letztere Buchstabe an, das *K* regelmässig überall zu ersetzen, ausser in wenigen oben erwähnten Fällen, und nahm die ganze Bedeutung desselben an. Die übrigen Buchstaben des lateinischen Alphabets existirten fortwährend, ohne Veränderung. In der Folge, am Ende der Republik, tritt das *Z* aufs neue auf, aber nur in griechischen Wörtern; zugleich mit ihm kommt auch das y in Gebrauch, aber nur für griechische Wörter. Auf solche Art hat sich das volle lateinische Alphabet von 23 Buchstaben gebildet, während es im Anfange seiner Bildung nicht über 20 hatte. In Betreff der Hinzufügung dreier überflüssiger Buchstaben durch den Kaiser Claudius, können wir nur bemerken, dass die Reform des Claudius gar keinen Einfluss auf das Schicksal des lateinischen Alphabets gehabt hat, da mit Claudius selbst auch seine Buchstaben aus dem Gebrauch verschwanden[2]).

---

[1]) Siehe Beispiele und Hinweisungen bei Corssen, ibid. p. 6 (p. 9 der neuen Ausgabe).

[2]) Tac. Ann. XI, 14. Claudius tres litteras adiecit, quae usui imperitante eo, post oblitteratae, aspiciuntur etiam nunc in aere publico per fora ac templa fixo.

Capitel II.

Die Gesetze und Bundesverträge der Könige
(Leges regiae und foedera regum).

Auf Anlass verschiedener Umstände weisen viele alte Schriftsteller auf die königlichen Gesetze hin, die bald diesem, bald jenem der sieben römischen Könige zugeschrieben werden. Am häufigsten treffen wir solche Hinweisungen bei den Geschichtschreibern, besonders bei Dionysius von Halicarnass und Plutarch. Gewöhnlich berufen sich die Schriftsteller nicht auf die Quellen, aus welchen sie die Kenntniss dieses oder jenes Gesetzes geschöpft haben. Da aber diese Hinweisungen mit grosser Bestimmtheit angeführt werden, bisweilen sogar mit Beibehaltung des Wortlautes, so muss man annehmen, dass es Quellen gab, wo diese Gesetze gesammelt waren. Wenn Cicero auf die Gesetze des Numa Pompilius hinweist, so beruft er sich unbestimmt auf Denkmäler (monumenta)[1], in welchen diese Gesetze enthalten sind. An einer anderen Stelle ist das Citat noch unbestimmter, wenn es nur sagt, dass die Gesetze Numas, wie es jedem zu seiner Zeit bekannt war, existirten[2] d. h. bis auf seine Zeit sich erhalten haben. Alles dies dient uns als Beweis, dass die Sammlungen der königlichen Gesetze in der Zeit der Republik vorhanden und dem Volke bekannt waren. Bestimmtere Nachrichten über diese Sammlungen haben

---

[1] Cic. de Rep. II, 14: Pompilius . . . animos propositis legibus his, *quas in monumentis habemus,* ardentes consuetudine et cupiditate bellandi religionum caerimoniis mitigavit.

[2] De Rep. V, 2: Qui (Numa) legum etiam scriptor fuisset, *quas scitis extare.*

wir erst von einem Schriftsteller aus dem 2. Jahrhunderte nach der Geburt Christi. Sie rührt von dem berühmten Juristen Sextus Pomponius her (dem Zeitgenosse der Kaiser Hadrianus und Antonius Pius), dessen Zeugniss von der ursprünglichen Sammlung der königlichen Gesetze in die Digesten eingetragen ist. Pomponius sagt nämlich, dass die königlichen Gesetze im Buche des Sextus Papirius sich finden, der zur Zeit des Tarquinius Superbus lebte und die zerstreuten Gesetze in ein Ganzes zusammen brachte [1]). Dionysius von Halicarnass sagt dasselbe von Cajus Papirius, den er Pontifex Maximus nennt, dass er nach Vertreibung der Könige die religiösen Gesetze Numa's sammelte [2]). Auf das Buch, welches von Pomponius citirt wird, berufen sich Macrobius [3]) und Servius [4]), und der Jurist Granius Flaccus schrieb selbst ein besonderes Werk über dieses Buch [5]).

Es ist schwer zu entscheiden, ob die Hinweisung Cicero's auf die »Denkmäler«, in welchen die Gesetze ihm zu kamen, sich auf das Buch, welches Pomponius anführt, bezieht, und welches nach dem Dionysius dem Pontifex Maximus Papirius, dem Zeitgenossen der Verbannung der Könige aus Rom gehörte, der den Vornamen (praenomen) Cajus, aber nicht Sextus führte. Wenn wir das Zeugniss des Livius vom Aufsuchen der Bundesverträge und der königlichen Gesetze und der Bekannt-

---

[1]) Dig. de orig. jur. II, 2: (Leges) tulerunt (d. h. praeter Romulum) et sequentes reges: quae omnes *conscriptae extant* in Libro Sexti Papirii, qui fuit iis temporibus, quibus Superbus Demarati Corinthii filius, ex principalibus viris. Is liber, ut diximus, appellatur *jus civile Papirianum*: non quia Papirius de suo quicquam ibi adiiecit, sed quod leges sine ordine latas in unum composuit.

[2]) A. R. III, 36: Μετὰ δὲ τὴν ἐκβολὴν τῶν βασιλέων εἰς ἀναγραφὴν δημοσίαν αὖθις ἤχθησαν (die religiösen Verordnungen Numa's) ὑπ' ἀνδρὸς ἱεροφάντου Γαίου Παπιρίου τὴν ἁπάντων τῶν ἱερῶν ἡγεμονίαν ἔχοντος.

[3]) Saturn. III, 11, 5.

[4]) Ad. Virg. Aen. XII, 836.

[5]) Dig. L, 144: Granius Flaccus *in libro de jure* Papiriano scribit pellicem nunc vulgo vocari, quae cum eo, cui uxor sit, corpus misceat. An dieser Stelle spricht Granius Flaccus wahrscheinlich aus Anlass des Gesetzes Numa's, was Festus (Pellices p. 141 ed. Müll.) und Gellius (IV, 3) anführen.

machung einiger derselben¹), nach der Verheerung Roms durch die Gallier, berücksichtigen, so folgt daraus, als wüsste Livius nichts vom Dasein der Sammlung des Papirius, welche noch in der ersten Zeit der Republik veranstaltet wurde und bis zu seiner Zeit gelangte. Im Gegentheil, aus dem Texte des Livius können wir nur schliessen, dass das Buch des Papirius weder vor der Zeit des Einfalls der Gallier, noch nach demselben vorhanden war; denn Livius bemerkt daselbst, dass die Kriegstribunen mit consularischer Gewalt in J. 366 nur einige Gesetze bekannt machten, und dass die Gesetze, die sich auf Religion bezogen, von den Priestern zu dem Zwecke verheimlicht worden, damit sie desto leichter ihren Einfluss auf den Geist des Volkes durch die Religion ausüben konnten²). Das wenigstens ist gewiss, dass die Sammlung des Papirius bei der Restauration der königlichen Gesetze, nach dem Einfall der Gallier, dem Publikum unbekannt war, und dass die Priesterschaft Sorge dafür trug, diese Sammlung (wenn sie wirklich noch vorhanden war) zu verheimlichen. In jedem Fall muss man berücksichtigen, dass beinahe bis zur Kaiserzeit sich keine Hindeutung findet auf das Dasein der Sammlung der königlichen Gesetze, die einem Papirius angehörten, welchen Dionysius von Halicarnass einen Pontifex Maximus nennt. Dionysius von Halicarnass, der erste Schriftsteller, der dieser Person und nur als eines Sammlers religiöser Gesetze Numa's erwähnt, schrieb sein Werk über die »Römischen Alterthümer« erst unter Augustus, und, wie aus dessen eigenen Worten hervorgeht, begann er dasselbe während des Consulats des Tiberius Claudius Nero und Cn. Calpurnius Piso, d. h. im Jahre 745 nach Erbauung Roms, nach Varro's Zeitrechnung³). Was aber das Zeugniss des Juristen Paulus von Granius Flaccus, der die Abhandlung de jure Papiriano verfasst, anbetrifft, so haben wir, obwohl die Gelehrten, auf Grund des

---

¹) Liv. VI, 1: In primis foedera ac leges — erant autem eae duodecim tabulae et quaedam regiae leges — conquiri, quae comparerent, jusserunt: alia ex eis edita etiam in vulgus.
²) Liv. ibid Quae autem ad sacra pertinebant, a pontificibus maxime, ut religione obstrictos haberent multitudinis animos, suppressa.
³) Dion. I, 3.

Zeugnisses des Censorinus[1]) von Granius Flaccus, der das Buch de Indigitamentis schrieb und dem Caesar widmete, meinen, dass Granius Flaccus zur Zeit des Julius Caesar gelebt habe, kein unbestreitbares Recht zu glauben, dass der Ausdruck des Censorinus ad Caesarem sich ausdrücklich auf Julius Caesar beziehe, und nicht auf einen späteren römischen Kaiser[2]). Wenn wir aber den Granius Flaccus als einen Zeitgenossen des Julius Caesar annehmen, so erhalten wir nicht allein das Factum, dass die Sammlung des Papirius am Ende der Republik bekannt war (zu einem solchen Schluss gibt uns auch Dionysius von Halicarnass volles Recht), sondern auch, dass ihr noch zu dieser Zeit ein höheres Alter beigeschrieben wurde, das wird daraus ersichtlich, dass diese Sammlung ein solcher Freund des Alterthums, wie Granius Flaccus zu erklären für nothwendig fand, welchen selbst die Indigitamenta interessirten. Des Granius Flaccus Abhandlung de jure Papiriano, und nicht die Sammlung des Papirius selbst diente, aller Wahrscheinlichkeit nach, als Quelle der Kunde von dieser Sammlung für die späteren Rechtsgelehrten und Antiquare. Wenigstens ist des Macrobius Excerpt aus dem jus Papirianum[3]) augenscheinlich aus der erläuterten Abhandlung und nicht aus der Sammlung selbst entlehnt. Ohne zu zweifeln, dass am Ende der Republik eine alte Sammlung königlicher Gesetze vorhanden war, so können wir doch nicht überzeugt sein, dass dieselbe gerade dem Papirius, dem Zeit-

---

[1]) Cens. de die nat. 3. Eundem esse genium et larem multi veteres memoriae prodiderunt, in quis etiam Granius Flaccus in libro, quem ad Caesarem de indigitamentis scriptum reliquit.

[2]) Die Herausgeber der Fragmente des in den funfziger Jahren gefundenen Autors Granius Licinianus, nähmlich Pertz und die sieben Bonner Philologen, benutzten das Zeugniss des Censorinus um ihre, wie es uns scheint, völlig grundlose Meinung zu bestärken, dass Granius Licinianus dem Zeitalter des Sallustius und J. Caesar angehört, ohne zu bedenken, dass Granius Flaccus und Granius Licinianus ebensowenig eine und dieselbe Person sein können, wie Servius Tullius und Tullius Cicero. S. die Ausg. Pertz Praef. p. XV und bei den Bonner Philologen, p. XX.

[3]) Macrob Sat. III, 11, 5: In Papiriano jure evidenter relatum est arae vicem praestare posse mensam dicatam. Hierauf wird der Wortlaut des Denkmals beigebracht, der nichts gemeinschaftliches mit dem Tone der Gesetzgebung hat.

genossen der Vertreibung der Könige aus Rom, welcher bei Dionysius Cajus, und bei Pomponius Sextus heisst, angehöre. Den Anlass zu diesem Zweifel geben die alten Schriftsteller selbst, die diesen Papirius bald Cajus[1]), bald Manius[2]), bald Sextus[3]), bald Publius[4]) nennen. Dieser Umstand ist, ohne Zweifel, wichtig, und man musste ihn der vollesten Aufmerksamkeit würdigen; dennoch kann er durchaus nichts gegen die Thatsache der Entstehung einer Sammlung königlicher Satzungen in der ersten Zeit nach Vertreibung der Könige sprechen, einer Sammlung, die in der Folge den Namen **Jus Papirianum** erhielt. Das Versehen bei der Benennung konnte nicht nur bei den Abschreibern des Dionysius, bei den Verfassern der Digesta und deren Abschreibern entstehen, sondern auch bei Dionysius und Pomponius selbst. Sehr wahrscheinlich ist auch dies, dass wie es unter den Papiriern einige tüchtige Juristen geben konnte, so schrieb man das Jus Papirianum noch während der Republik bald dem einen, bald dem andern fälschlich zu. Zumpt stellt die Vermuthung auf, dass das Jus Papirianum von mehreren Gliedern der Familie der Papirier gesammelt sei[5]). Eine solche Vermuthung kann ebenfalls ihre Bedeutung haben, allein sie erklärt durchaus nicht die Verschiedenheit der Vornamen, die von den alten Schriftstellern dem Sammler der Königsgesetze Papirius ertheilt werden, welcher in ihren Augen doch als eine einzige Person erscheint.

Die Lösung der Frage über die Echtheit der Gesetz-Sammlung, die unter den Namen des Papirius am Ende der Republik bekannt war, ist für uns insofern wichtig, dass, wenn es in der That eine solche Sammlung gab, die aus den ersten Zeiten der Republik ihre Herkunft ableitet, es klar ist, dass die von den Schriftstellern angeführten oder angezeigten Gesetze aus einer Quelle herstammen, welche ausserordentlich wichtig ist für die Geschichte der römischen Schrift. War

---

[1]) Dion. III, 36.
[2]) Dion. V, 1.
[3]) Digest. I, 2, § 2.
[4]) Ibid. § 36.
[5]) Zumpt, Das Criminalrecht der Römischen Republik. Berlin 1865. I, p. 29 u. 32.

diese Sammlung im Interesse der Patricier veranstaltet, oder waren dort die Gesetze der Könige entstellt, oder hatte Papirius seine Aufgabe gewissenhaft erfüllt, alles dieses ist für uns einerlei. Die Frage über die Zuverlässigkeit dieser Sammlung hat ihre Bedeutung für den politischen Geschichtsschreiber und den Juristen; für den Philologen aber, der die Spuren des römischen Schriftthums zur ältesten Zeit der römischen Geschichte sucht, sind diese Spuren selbst wichtig, ist die Thatsache eines schriftlichen Denkmals an und für sich wichtig, unabhängig von der politischen oder juristischen Tendenz in den Akten der Schrift. Wenn aber die Existenz der Sammlung des Papirius zu Anfang der Republik als unbewiesen angenommen werden muss — und eine andere Meinung über diesen Gegenstand können wir nicht haben[1] —, so verlieren wir zugleich ein Schriftdenkmal von grosser Wichtigkeit für unsere Untersuchung.

Wie sehr es auch unserer Aufgabe Eintrag thun mag, dass die Untersuchung über die Sammlung des Papirius nicht zu einem endgültigen Abschlusse gebracht werden kann, so wird dadurch nichtsdestoweniger unsere Annahme von den Gesetzen der Könige keineswegs aufgehoben. Wir wissen, dass es solche Gesetze gab. Wir wissen auch, dass einige von ihnen, nach dem Einfall der Gallier, vom Staate auf's Neue bekannt gemacht wurden. Wenn sie nicht von Papirius gesammelt wurden, so ist es unzweifelhaft, dass es andere Sammlungen gab, in denen sie existirten und die den Männern, die sich mit der vaterländischen Geschichte beschäftigten, bekannt waren. Das unbestimmte Zeugniss Cicero's[2], dass bis zu seiner Zeit die Gesetze Numa's *in monumentis* erhalten waren, zwingt uns zu glauben, dass Cicero nicht das Buch des Papirius im Sinne hatte, sondern aller Wahrscheinlichkeit nach die Denk-

---

[1] Bemerkenswerth ist jedoch, dass an dem hohen Alter der Sammlung des Papirius selbst einige Leute, die zu den grössten Zweiflern gehörten, zu zweifeln sich nicht erlaubten. So sagt Niebuhr (Röm. Gesch. p. 141, Berl. 1853): »An dem hohen Alter einer Sammlung der Gesetze der Könige, die ein Papirius verfasst, ist kein Grund zu zweifeln.« In der letzten Zeit suchte Zumpt mit Energie die Echtheit der Sammlung des Papirius in dem obenerwähnten Werke zu beweisen: Das Criminalrecht der Röm. Republik, I, p. 35.

[2] De Rep. II, 14.

mäler von rein officieller Eigenschaft dadurch andeuten wollte. Solche Denkmäler, mit Bezug auf Gesetze Numa's, können am ehesten libri pontificum gewesen sein, von welchen wir unten reden werden. Für solche officielle Denkmäler halten wir auch die commentarii pontificum, die Bücher, welche, wie wir sehen werden, einen ältesten Rechtscodex bildeten. Endlich konnten für Cicero solche Denkmäler auch die sogenannten und vielen alten Schriftstellern bekannten Commentarii regum sein, von welchen wir unmittelbar reden werden.

Unter dem Namen *Commentarii regum*, wie man aus den Hinweisungen der alten Schriftsteller ersehen kann, wurden Gesetze, Verordnungen oder Verfügungen verstanden, die diesem oder jenem Könige beigelegt wurden, und bildeten sonach eine Art besonderer Sammlungen von Verfügungen der Regierung. Auf Documente der Art weisen die alten Schriftsteller öfters hin. Diese Hinweisungen beziehen sich vorzugsweise auf die Commentarien des Numa. So weist T. Livius an zwei Stellen[1]) auf die Commentarien des Numa, deren sich seine Nachfolger Tullus Hostilius und Ancus Marcius bei ihren religiösen Verordnungen bedienten. Der letztere befahl sogar dem Pontifex Maximus alle Verordnungen Numa's, die sich auf öffentliche Vollziehung der religiösen Verpflichtungen bezogen, nach seinen Commentarien (ex commentariis regis), auf einer weissen Tafel aufzuzeichnen und dieselben auf einem öffentlichen Platze aufzustellen.[2]) Von diesen Commentarien spricht auch Plutarch[3]) und nennt sie ὑπομνήματα, was nämlich commentarii, d. h. Denkschriften, mémoires, heisst. Auf Numa's Commentarien weist auch Dionysius von Halicarnass[4]) hin, indem er die Erzählung des Livius von der Verordnung des Ancus Marcius bestätigt. Cicero in seiner Rede für Rabirius spricht von den Commentarien der Könige in einer Weise, dass daraus ebenso das Vorhandensein solcher Sammlungen zu seiner Zeit als auch deren Kenntniss im Kreise

---

[1]) Liv. I, 31 u. 32.
[2]) Liv. I, 32: Longe antiquissimum ratus sacra publica, ut a Numa instituta erant, facere, omnia ea ex commentariis regis pontificem in album elata proponere in publico jubet. Dion. III. 36.
[3]) Marcell. 8.
[4]) A. R. III, 36.

der Gelehrten und Literatoren ersichtlich ist.¹) Zu den Hinweisungen auf diese Commentarien der Könige gehören ohne Zweifel auch die Stellen im Lexicon des Festus, wo in einem Fall auf die Eintheilung der Bürger durch Servius Tullius nach Centurien²) und in einem andern nach Classen³) hingewiesen wird. Es leuchtet ein, dass Verrius Flaccus, dessen Werk Festus abkürzte, die Commentarien des Servius Tullius in seinen Händen hatte, als er aus ihnen einige alte Worte und Ausdrücke erklärt. Mit den Commentarien des Ser. Tullius war auch Cicero ohne Zweifel bekannt, als er bei Erklärung der Eintheilung der Bürger nach Classen und Centurien die Bemerkung hinzufügt, dass Ser. Tullius sich bemühte sehr genau zu sein, indem er den verschiedenen Classen der Bürger Namen gab, die Reichen assidui und die Armen proletarii nannte.⁴) Die Commentarien des Numa werden bisweilen auch Bücher des Numa genannt. Plinius der ältere, wo er von der nachlässigen Erfüllung der religiösen Ceremonien durch Tullus Hostilius, den Verordnungen Numa's gemäss, spricht, nennt diese letzteren Bücher Numa's (ex Numae libris)⁵), während Livius in derselben Beziehung von Commentarien redet⁶). Uebrigens nennt auch Livius die schriftlichen Denkmäler Numa's Bücher, die in einem Kasten nicht weit vom Janiculus im Jahre 573 gefunden und öffentlich auf Verordnung des Senats, als unechte, verbrannt worden waren.⁷) Aber wir reden nicht von diesen Büchern.

---

¹) Cic. pro Rabir. V, 15: Cum iste omnis et suppliciorum et verborum acerbitates non ex memoria vestra ac patrum vestrorum, sed ex annalium monumentis atque *ex regum commentariis* conquisierit et cet.

²) Fest. p. 246 ed. Müll. Pro censu classis juniorum Ser. Tullius cum dixit in *descriptione centuriarum*, accipi debet in censu.

³) Fest ed. Müll. p. 249. Procum patricium in *descriptione classium*, quam fecit Ser. Tullius, significat procerum.

⁴) Cic. de Rep. II, 32: Etiam verbis ac nominibus ipsis fuit diligens, qui cum locupletis assiduos appellasset ab aere dando: eos qui aut non plus mille quingentum aeris, aut omnino nihil in suum censum praeter caput attulissent, proletarios nominavit.

⁵) Pl. N. H. XXVIII, 4.
⁶) Liv. 1, 31.
⁷) Liv. XL, 29.

Capitel II. Die Gesetze und Bundesverträge der Könige.

Auf welche Weise die Commentarien der Könige bis zu den Schriftstellern am Ende der Republik und denen der Kaiserzeit gelangten, wer sie so abfasste, wie sie von diesen Schriftstellern gelesen wurden, ist nicht nur schwer, sondern vollkommen unmöglich zu sagen. Eins ist ersichtlich, dass die Commentarien der Könige schon durch ihre sprachliche Form auf einen so entfernten Zeitpunkt hindeuteten, dass sie im Stande waren das allgemeine Vertrauen auf ihre Echtheit zu erwecken. Dieses Vertrauen auf die Echtheit von Documenten solcher Art war um so stärker, als das ganze Alterthum den Numa als Quelle der religiösen Gesetzgebung anerkannte[1]). Dionysius von Halicarnass, der alles zu wissen und zu deuten liebte, sagt, dass Numa, nach Bekanntmachung der Gesetze, die sich auf Religion und Ceremonien bezogen, sie in acht Theile getheilt habe[2]). Livius, der nichts von der Eintheilung der Gesetzgebung Numa's erwähnt, bemerkt, dass, nachdem Numa seine religiösen Anordnungen aufgeschrieben, er sie zur Richtschnur dem Pontifex Maximus Numa Marcius übergeben habe[3]). Früher haben wir bemerkt, dass Ancus Marcius, nach dem Zeugnisse der Alten, die religiösen Verordnungen Numa's sogar veröffentlichen liess[4]). Da diese religiöse Gesetzgebung in den Hauptzügen unverändert blieb, so ist es auch selbstverständlich, dass die Bücher, in denen sie enthalten war, auch in den folgenden Zeiten als von Numa herrührend betrachtet wurden. Zugleich ist es auch selbstverständlich, dass, wie die Gesetzgebung Numa's sich ausschliesslich auf die Religion bezog, dieselbe aus einem Jahrhundert in das

---

1) Cic. de Rep. II, 14: Animos propositis legibus his (hinsichtlich der Religion), quas in monumentis habemus, mitigavit; de Rep. V, 2: Illa autem diuturna pax Numae mater huic urbi juris et religionis fuit; qui legum etiam scriptor fuisset, quas scitis extare. Liv. 1, 19: Qui (Numa) regno ita potitus, urbem novam, conditam vi et armis, jure eam legibusque ac moribus de integro condere parat. Plut. Num. 8. Virg. Aen. VI, 811. Ovid. Fast. III. 227. Tac. Ann. III, 26, u. a.
2) Dion. II, 63: περιλαβὼν δὲ ἅπασαν τὴν περὶ τὰ θεῖα νομοθεσίαν γραφαῖς διεῖλεν εἰς ὀκτὼ μοίρας, ὅσαι τῶν ἱερῶν ἦσαν αἱ συμμορίαι.
3) Liv. I, 20: Pontificem deinde Numam Marcium, Marci filium, ex patribus legit, eique sacra omnia excripta exsignataque attribuit.
4) Liv. I, 32; Dion. III, 26.

andere in Büchern, die dem Priesterstande angehörten, überging, von denen wir später reden werden. Auf diesem Wege konnten die Commentarien Numa's bis auf die späteste Zeit gelangen. Eine andere Reihe von Hinweisungen der alten Schriftsteller bezieht sich, wie wir gesehen haben, auf die Commentarii des Ser. Tullius, dessen gesetzgebende Thätigkeit auch sehr gross gewesen ist. Wie Numa als der Urheber der religiösen Gesetzgebung Roms angesehen wurde, so wurde Ser. Tullius als der Hauptgründer der bürgerlichen Ordnung in Rom anerkannt[1]). Dass die Verfassung dieses Königs schriftlich verfasst war, das kann, abgesehen von den Zeugnissen der Alten, dem Wesen der Sache nach, keinem Zweifel unterliegen; denn die Einführung des Census unter den Bürgern und die Eintheilung der letztern auf Grund desselben nach Classen und Centurien konnte in keinem Fall ohne Schrift zu Stande gekommen sein. Insofern aber die bürgerliche Einrichtung des republikanischen Roms sich auf die Verfassung des Ser. Tullius stützte, ist es kein Wunder, dass ein solches Denkmal sich bis auf die späteste Zeit in der echten oder in einer durch die folgende Neuerungen etwas entstellten Redaction erhalten hat. Dies ist nicht nur daraus ersichtlich, dass die Gesetzgebung des Ser. Tullius umständlich dem Cicero[2]), Livius[3]) und Dionysius von Halicarnass[4]) bekannt war, sondern auch aus den Erklärungen einiger Ausdrücke seiner Gesetzgebung im Wörterbuch des Festus, deren wir schon erwähnt haben. Die Commentarien des Servius Tullius verdienten als die wichtigste Staatsurkunde aus der ganzen alten Geschichte Roms in den Staats-Archiven aufbewahrt zu werden, abgesehen davon, dass auch Privatpersonen an ihrer Aufbewahrung Interesse haben mussten.

Demnach sehen wir, dass die Gesetze wenigstens zweier römischer Könige — des Numa und des Servius Tullius —

---

[1]) Liv. I, 42: Adgreditur inde ad pacis longe maximum opus, ut, quem ad modum Numa divini auctor juris fuisset, ita Servium conditorem omnis in civitate discriminis ordinumque ... posteri fama ferrent. Tac. Ann. III, 26: Praecipuus Servius Tullius sanctor legum fuit.
[2]) De Rep. II, 22.
[3]) Liv. I, 43.
[4]) Dion. IV, 11 u. folg.

bis zu den Schriftstellern am Ende der Republik und denen der Kaiserzeit gelangen konnten, abgesehen von anderen Wegen, in Sammlungen, die den Namen *Commentarii regum* führten. Dass solche Sammlungen vorhanden waren, wissen wir. Nur das wissen wir nicht, in welcher Redaction Cicero und die folgenden Schriftsteller diese Commentarii der Könige gelesen haben.

Der sicherste Weg aber, auf welchem wenigstens einige Gesetze der Könige bis auf die spätesten Zeiten gelangten, sind die Inschriften auf ehernen Tafeln und Säulen und theilweise auch auf hölzernen Tafeln, die mit Gyps bedeckt waren. Wir haben desto mehr Recht es zu behaupten, als Zeugnisse der Alten zu uns gelangten, welche unsere Behauptung auf das Klarste bestätigen. Ein solches Zeugniss, das wir schon im 1. Capitel erwähnt haben, ist das des Dionysius von Halicarnass, dass bis zu seiner Zeit im Tempel der Aventinischen Diana eine Inschrift auf einer kupfernen Säule (χαλκὴ στήλη) sich erhalten habe, welche den Vertrag des Servius Tullius mit den latinischen Städten enthalte[1]). Nicht minder wichtig ist in dieser Beziehung auch das Zeugniss des Polybius von den drei von ihm erwähnten Verträgen der Römer mit den Karthagern, dass sie alle auf ehernen Tafeln (χαλκώματα) aufgezeichnet waren und bis zu seiner Zeit in der Schatzkammer der Aedilen neben dem Tempel des Jupiter Capitolinus aufbewahrt wurden[2]). Hierbei muss man bemerken, dass der erste Vertrag der Römer mit den Karthagern im ersten Jahre der Republik d. h. im J. 245 nach Erbauung der Stadt geschlossen wurde. Dieser alte Gebrauch, Bundesverträge wie auch die Gesetze auf eherne Tafeln und Säulen aufzuzeichnen, wurde auch in späterer Zeit beibehalten. So ist auch der Bundesvertrag bekannt, der von Sp. Cassius mit den Latinern im Jahre 261 nach Gründung der Stadt geschlossen und auf einer ehernen Säule eingegraben ward (foedus cum Latinis columna aenea insculptum)[3]). Auf einer ehernen Säule war auch das Gesetz des Icilius von der

---

[1]) Dion. IV, 26.
[2]) Polyb. III, 26.
[3]) Liv. II, 33; Cic. pro Balb. 23.

Gewalt der Tribunen im Jahre 262 dargestellt[1]). Auf Erz waren die Gesetze der XII Tafeln eingegraben[2]) u. s. w. Dass die Gesetze, die auf ehernen Tafeln oder Säulen eingegraben waren, in diesen Tempeln oder an öffentlichen Plätzen, wo sie aufgestellt waren, sich leicht erhalten konnten, ist Jedem einleuchtend. Weniger dauerhaft mochten hölzerne, mit Gyps belegte Tafeln sein, auf welchen, nach dem Zeugnisse des Dionysius, die Gesetze aufgerieben wurden, ehe noch das Schreiben auf Kupfer in Gebrauch kam[3]). Nichtsdestoweniger waren diese Tafeln vielfach im Gebrauch[4]). Auf geweissten hölzernen Tafeln wurden später die priesterlichen Annalen (annales pontificum) geschrieben[5]). Andere schriftliche Acte kamen ebenfalls auf weisse Tafeln: so stellte Cn. Flavius, als er sich entschlossen hatte die Fasten zu veröffentlichen, dieselben neben dem Forum auf weissen Tafeln aus (in albo)[6]).

Der Mittel zur Aufbewahrung der Gesetze der Könige gab es auf solche Weise hinlänglich und die dauerhafteste Art waren unstreitig die ehernen Säulen und Tafeln. Der grösste Theil der Gesetze, besonders der auf hölzernen Tafeln geschriebenen, konnte in der Zeit des Einfalls der Gallier zu Grunde gegangen sein, doch wurden einige von ihnen, wie schon oben bemerkt worden ist, gleich nach der Ver-

---

1) Dion. X, 32.
2) Liv. III, 57; Dion. X, 57; Diod. Sic. XII, 26.
3) Dion. III, 36: Χάλκεαι στῆλαι οὔπω τότε ἦσαν (unter Ancus Marcius), ἀλλ' ἐν δρυΐναις ἐχαράτοντο σανίσιν οἵ τε νόμοι καὶ αἱ περὶ τῶν ἱερῶν διαγραφαί. T. Livius I, 32, indem er über dieselbe Verordnung des Ancus Marcius berichtet, wozu auch die eben angeführte Bemerkung des Dionysius gehört, nämlich über die Veröffentlichung der Gesetze Numa's, bemerkt, dass sie auf einer weissen Tafel aufgeschrieben wurden (album, λεύκωμα).
4) Joh. Lyd. de Mens. I, 24: Λέγεται παρὰ Ῥωμαίοις ματρίκιον τὸ πλατὺ καὶ παχὺ ξύλον. οἱ γὰρ ἀρχαῖοι ξύλοις καὶ φλίοις καὶ φιλιρίνοις πίναξι πρὸς γραφὴν ἐκέχρηντο.
5) Serv. ad Aen. I, 373: Ita autem annales conficiebantu: *tabulam dealbatam* quotannis Pontifex Maximus habuit et cet. Cic. de Orat. II, 12: res omnes singulorum annorum mandabat litteris Pontifex Maximus efferebatque in *album*.
6) Liv. X, 46: Civile jus repositum in penetralibus pontificum evulgavit, fastosque circa forum in *albo* proposuit.

treibung der Gallier wieder hergestellt[1]). Wir glauben nicht, dass es viele Gesetze der Könige gegeben habe, und wir sind mit Livius ganz einverstanden, dass in den ersten Zeiten des römischen Staates *parvae et rarae litterae fuere;* aber dass die Gesetze der Könige in Schrift existirten und dass viele von ihnen bis zu den römischen Geschichtsschreibern und Juristen sich erhielten, das unterliegt keinem Zweifel. Als Zeugen dafür dienen einige Gesetze, die bis auf unsere Zeit gekommen sind. Diese Gesetze, das hohe Alter ihrer Sprache ungeachtet, haben wir freilich nicht in ihrer ursprünglichen Form erhalten. Wie alt auch ihre Sprache sein mag, so ist es doch durchaus nicht die Sprache der Zeit der Könige und nicht einmal die der ersten Jahre der Republik, so viel wir darüber urtheilen können nach den Bruchstücken der Hymnen der Salischen Priester und nach dem bekannten Hymnus der arvalischen Brüder, und ebenso nach dem Zeugniss des Polybius von der Sprache des ersten Vertrags Rom's mit Karthago, welche selbst im 6. Jahrhundert kaum die erfahrensten ($\sigma v v \varepsilon \tau \omega \tau a \tau o \iota$) Männer verstehen konnten[2]). Die Sprachformen sind augenscheinlich im Laufe der Jahrhunderte durch neue Redactionen der Juristen und Schriftsteller erneuert worden. Nichtsdestoweniger ist es die Sprache der Gesetze, die nach ihrem Geiste und der historischen Bedeutung eigentlich der Zeit der Könige angehören. Sie beziehen sich alle auf Familien- und religiöses Recht, als Grundlage des Staatsrechts.

Zwei von diesen Gesetzen, die bis auf uns gekommen, gehören dem Romulus. Das eine von Servius[3]) aufbewahrte lautet so:

Patronus si clienti fraudem fecerit, sacer esto. Das andere in einer ältern Form, nur nicht vollständig erhalten, finden wir bei Festus:[4])

Si nurus ... sacra divis parentum estod.

Von Numa haben wir sechs oder sieben Gesetze, die alle

---

[1]) Liv. VI, 1.
[2]) Polyb. III, 22.
[3]) Serv. ad Virg. Aen. VI, 609.
[4]) Fest. Plorare ed. Müll. p. 230.

auf religiöses Recht Bezug haben, der Gesetzgebung dieses Königs angemessen. Ihr Text ist folgender:

Si hominem fulmen Jovis occisit, ne supra genua tollitor[1]).

Gleich darauf fügt Festus hinzu, dass an einer anderen Stelle der Gesetzgebung Numa's es so lautet (das Gesetz wird in einer der Sprache nach ganz neuen Form angeführt):[2])

Homo si fulmine occisus est, ei justa nulla fieri oportet.

Bei Erklärung des Wortes *aliuta*, das statt des späteren *aliter* gebraucht wurde, führt Paulus Diaconus, der Abbreviator des Festus, folgendes, man weiss nicht wozu gehöriges, Gesetz Numa's an:[3])

Si quis aliuta faxit, ipsos Jovi sacer esto. Festus, bei Erklärung des Ausdruckes Opima Spolia sagt, dass in dieser Beziehung es folgendes Gesetz des Königs Pompilius (Numa's) giebt[4]).

Cujus auspicio classe procincta opima spolia capiuntur, Jovi Feretrio darier oporteat, et bovem caedito; qui cepit, aeris CC.. Secunda spolia, in Martis aram in campo solitaurilia utra voluerit caedito.. Tertia spolia, Janui Quirino agnum marem caedito, C qui ceperit ex aere dato; cujus auspicio capta, dis piaculum dato.

Plinius der ältere, bei Erwähnung des alten Gebrauches, den Göttern Milch und nicht Wein als Libation zu spenden, führt folgendes Gesetz Numa's an:[5])

Vino rogum ne respergito.

Bei Paulus Diaconus[6]) und Gellius[7]) hat sich ein Gesetz Numa's von den Kebsweibern erhalten, welches so lautet:

Pellex aram Junonis ne tangito; si tanget, Junoni crinibus demissis agnum feminam caedito. — Paulus Diaconus führt bei Erklärung des Ausdruckes *parrici quaestores* folgendes Gesetz Numa's an:[8])

---

[1]) Fest. Occisum ed. Müll. p. 178.
[2]) Ibidem.
[3]) Paul. Diac. ed. Müll. p. 6.
[4]) Fest. ed. Müll. p. 189.
[5]) Plin. N. H. XIV, 12, 88 ed. Jan.
[6]) Gell. IV, 3.
[7]) Paul ed. Müll. p. 222.
[8]) Paul ed. Müller. 221.

Si qui hominem liberum dolo sciens morti duit, paricidas esto.

Von den Gesetzen des Servius Tullius, dem Rom eine umfassende bürgerliche Gesetzgebung verdankt, ist nur ein Gesetz übriggeblieben, das sich auf das Familienrecht bezieht:

Si parentem puer verberit, ast olle plorassit (st. clamarit), puer divis parentum sacer esto [1]).

Wir nehmen es nicht auf uns die Gesetze dieser Könige zu restauriren, deren Text wir nicht kennen, ebensowenig, wie die Gesetze des Ancus Marcius und Tullus Hostilius, deren Text uns auch völlig unbekannt ist. Die vielfachen Versuche einer ganzen Reihe von Juristen, die auf diesem Feld arbeiteten, führten zu keinen festen Resultaten, wie dies schon Dirksen bewiesen hat [2]). Was die Gesetzgebung der beiden Tarquinier anbelangt, so haben wir darüber nicht die mindeste Kenntniss.

Nach den Gesetzen der Könige bleibt uns übrig einige Worte über die Bundes- und anderen Verträge zu sagen, welche die römischen Könige mit andern Städten geschlossen haben. Dass solche Verträge vorhanden waren, das unterliegt nicht dem geringsten Zweifel. Ueber zwei derselben haben wir Zeugnisse bei Dionysius von Halicarnass, der sie mit eigenen Augen gesehen, obschon er deren Sprache, aller Wahrscheinlichkeit nach, nicht vollkommen verstanden hat. Der eine von diesen Verträgen ist der von uns schon mehrmal erwähnte mit den latinischen Städten von Servius Tullius. Er ward in Rom bei Gelegenheit des Baues eines Tempels der Diana auf dem aventinischen Hügel auf gemeinschaftliche Kosten der latinischen Städte geschlossen, welcher, da er den gemeinschaftlichen religiösen Bedürfnissen des latinischen Stammes abhalf, zu gleicher Zeit den Mittelpunkt der latinischen Städte in Handels- und politischen Angelegenheiten bilden sollte. Die einzelnen Artikel dieses Vertrags mit den Namen der Städte, die daran Theil nahmen, waren auf einer kupfernen Säule im Tempel der Diana eingegraben und aufgestellt, die

---

[1]) Fest. Plorare ed. Müll. p. 230.
[2]) Dirksen, Versuche zur Kritik und Auslegung der Quellen des Römischen Rechts. Leipz. 1823. p. 249 u. folg.

sich bis zur Kaiserzeit erhielt. Dionysius von Halicarnass bemerkt bei dieser Gelegenheit, dass die Formen der Buchstaben dieses Vertrags die Formen der alten griechischen Buchstaben sind. Aus diesem Umstande zieht Dionysius seiner Theorie folgend den Schluss zu Gunsten des griechischen Ursprungs der Latiner. Für uns aber ist dieses Zeugniss in der Beziehung wichtig, dass, wie wir schon bemerkt haben, es als unwiderleglicher Beweis dient, nicht nur für den frühen Gebrauch der Schrift in Rom zu staatlichen und religiösen Zwecken, sondern auch für die allgemeine Kenntniss und sogar für die Verbreitung derselben in Latium in der letzten Hälfte der Königsperiode. Dieses Denkmal ist nicht auf uns gekommen, aber das kann man, wie uns scheint, mit Sicherheit annehmen, dass ein Wort aus diesem Document uns bekannt ist. Es heisst nämlich im Lexicon des Festus, dass in dem Gesetze über die Einweihung des Opfertisches der aventinischen Diana das Wort *nesi* statt *sine* gebraucht ist[1]). Die zweite unzweifelhafte Urkunde dieser Art ist der Bundesvertrag des Tarquinius mit den Einwohnern der von den Römern besiegten latinischen Stadt Gabii[2]). Er war noch bis zu den Zeiten des Dionysius im Tempel des Gottes der Treue (Deus Fidius), auch Sancus genannt (der sabinische Gott, dessen Cultus von Tatius eingeführt war) auf dem Quirinal erhalten. Es war ein hölzerner Schild mit der Ochsenhaut überzogen. Auf dieser Haut, mit der der Schild bedeckt war, waren nach dem Ausdruck des Dionysius, **mit alten Buchstaben** (γράμμασιν ἀρχαϊκοῖς) die Bedingungen des Bundesvertrags aufgezeichnet oder, um sich richtiger auszudrücken, die Bedingungen des Friedens, der von Tarquinius den Gabinern vorgeschrieben worden war. Von demselben Vertrage des Tarquinius mit Gabii ist auch bei Paulus Diaconus[3]) unzweifelhaft die Rede. Denselben hatte auch Horatius im Sinne, als er in dem Briefe

---

[1]) Fest. Nesi ed. Müll. p. 165: Nesi pro sine positum est in lege dedicationis arae Dianae Aventinensis.

[2]) Dion. IV, 58.

[3]) Paul. Diac. Clypeum ed. Müll. p. 56: Clypeum antiqui ob rotundidatem etiam eorium bovis appellarunt, in quo *foedus Gabinorum cum Romanis fuerat descriptum*.

an Augustus[1]) bei Aufzählung der ältesten Schriftdenkmäler, sagt:

foedera regum
Vel Gabiis vel cum rigidis aequata Sabinis.

Die Zeugnisse des Dionysius, Horatius und Verrius Flaccus, dessen letzter Abbreviator Paulus Diaconus war, beweisen, dass der Vertrag durch sein Alter berühmt war und vor den ältesten Verträgen, deren Dunkelheit und Unverständlichketi Quintilianus[2]) bezeugt, sich auszeichnete.

Dieselbe historische Glaubwürdigkeit, wie sie diesen beiden erwähnten Verträgen gebührt, haben nicht die anderen Verträge, die von Dionysius angeführt werden und besonders der des Romulus mit den Veientern, dessen Artikel, nach den Worten des Dionysius[3]), auf Säulen (ungewiss, auf welchen) verzeichnet waren. Diese Unbestimmtheit des Ausdrucks über die Säulen, deren Mehrzahl bei ihrer Entbehrlichkeit anfällt, ferner der Mangel jeglicher Bestätigung dieses Zeugnisses von Seiten des Dionysius, das Alles giebt uns kein Recht, dem von Dionysius erwähnten Vertrage eine historische Existenz einzuräumen[4]). Einer grösseren Glaubwürdigkeit kann auch der von Dionysius erwähnte Vertrag des Tullus Hostilius mit den Sabinern[5]) sich nicht erfreuen. Denn obwohl von diesem berichtet wird, dass er auf Säulen verzeichnet war, die in Tempeln (in welchen?) aufgestellt waren, so ist doch dies alles so unbestimmt, dass wir nur auf Grund des Zeugnisses des Dionysius eine Existenz dieses Vertrags anzuerkennen nicht vermögen. Es ist sehr möglich, dass ein solcher Vertrag vorhanden und in irgend einem Tempel aufgestellt war, nichtsdestoweniger haben wir keine Kunde von einem schriftlichen

---

[1]) Ep. II, 1, 25.
[2]) Inst. Orat. VIII, 2, 12: Obscuritas fit etiam verbis ab usu remotis: ut si commentarios quis pontificum, et vetustissima foedera, et exoletos scrutatus auctores id ipsum petat ex his, quae inde contraxerit, quod non intelliguntur.
[3]) Dion. II, 55: σπονδὰς ποιησάμενος πρὸς αὐτοὺς εἰς ἑκατὸν ἔτη, στήλαις ἐνεχάραξε τὰς ὁμολογίας.
[4]) Livius (I, 25) spricht nichts über den Abschluss mit den Veientern eines schriftlichen Vertrags.
[5]) Dion. III, 33.

Vertrage des Tullus Hostilius mit den Sabinern, ausser den blossen Worten des Dionysius[1]).

Die Schriftsteller, aus deren Schriften wir vorzugsweise die Nachrichten von der ältesten Geschichte Roms schöpfen, T. Livius und Dionysius von Halicarnass, weisen auch noch andere Verträge nach, die von Rom in der Königsperiode abgeschlossen waren, w. z. B. der Vertrag des Romulus mit Alba Longa[2]), des Tullus Hostilius mit den Latinern[3]), der Vertrag mit denselben des Tarquinius Superbus[4]), so auch wie des Romulus[5]) und des Tarquinius Superbus[6]) mit den Sabinern, u. a. Die schriftliche Existenz dieser Verträge kann auf keine Weise bewiesen werden. Allein es giebt auch keinen Grund zu glauben, dass sie positiv nicht schriftlich existirten. Die unzweifelhafte Existenz der Verträge des Servius Tullius mit den Latinern und des Tarquinius Superbus (vielleicht des Tarquinius Priscus) mit den Gabinern bürgt vollständig für die Möglichkeit einer schriftlichen Existenz auch anderer Verträge, von denen wir vielleicht nur zufällig keine positiven Zeugnisse besitzen, wie sie von diesen zwei Verträgen bis auf uns gelangten.

---

[1]) Dass der älteste Vertrag mit den Sabinern vorhanden war, das sehen wir aus der erwähnten Stelle des Horatius. Aber mit den Sabinern wurde, nach den Berichten der alten Schriftsteller, nicht von Tullus Hostilius allein ein Vertrag geschlossen. Er erneuerte nur den Vertrag, der von Romulus geschlossen wurde. (Liv. I, 13). Seit der Zeit gab es wieder einen von Tarquinius Superbus geschlossenen Vertrag (Dion. V, 40).

[2]) Liv. I, 14; Dion. III, 3.
[3]) Liv. I, 32.
[4]) Liv. I, 52; Dion. V, 50.
[5]) Liv. I, 13.
[6]) Dion. V, 40.

Capitel III.

Schriftthum der Priester. Die Bücher der Pontifices (Libri pontificum).

Viel reichhaltiger als die gesetzgebende, diplomatische und überhaupt Staatsliteratur zur Zeit der Könige war die der Priester, d. h. diejenige, welche sich auf Religion, die Gebräuche und Pflichten bezog, welche die Religion den verschiedenen Priestercollegien, Gemeinschaften und Brüderschaften auferlegte. Bei den alten Schriftstellern begegnet man einer grossen Anzahl Hinweisungen auf Denkmäler dieser Art. Am häufigsten sind die Hinweisungen auf die Bücher der Pontifices (libri pontificum, libri pontificales, libri pontificii) und die Commentarien der Pontifices (commentarii pontificum). Ihnen folgen zunächst die ebenfalls häufig angeführten libri augurales und commentarii augurum, einer zweiten Priesterschaft in Rom. Es giebt ebenfalls Hinweisungen auf die Bücher der Salier (libri Saliorum); man weist ohne nähere Bezeichnung auf libri sacri oder sacrorum hin, auf libri caerimoniarum u. s. w. Aus diesen Hinweisungen ist vor allem ersichtlich, dass die verschiedenen priesterlichen Collegien und Körperschaften in Rom, jede ihre besondere Bücher hatten; ferner ist aus denselben Hindeutungen ersichtlich, dass die religiöse Literatur in Rom eine bedeutende Verschiedenartigkeit aufwies.

Am häufigsten weisen die Schriftsteller auf Bücher hin, welche zu dem Priestercollegium gehörten, deren Mitglieder Pontifices hiessen. Diese Bücher führen bei den Schriftstellern verschiedene Benennungen: libri, commentarii, annales pontificum, indigitamenta und noch andere Benennungen. Diese Verschiedenartigkeit in der Benennung der Bücher der Pontifices entspricht nicht immer, wie wir sehen werden, der wirklichen Verschiedenheit des Inhalts der Bücher selbst: im Gegentheil, Bücher eines und desselben Inhalts werden nicht selten unter verschiedenen Namen angeführt; nichts destoweniger unterliegt es keinem Zweifel, dass die Literatur der Pontifices sehr verschiedenartig war. Dies erklärt sich durch die Stellung, welche die Pontifices und namentlich das Haupt derselben, der pontifex maximus, unter der Priesterschaft und im Staate einnahmen. Nach dem Sinne des Numa Pompilius, des Gründers dieser Priestergenossenschaft, kam ihr die Hauptaufsicht über die Reinheit der Religion zu, über die Regelmässigkeit der Verrichtungen von Seiten ihrer Diener und die Beobachtung ihrer Einrichtungen im bürgerlichen Leben. Livius sagt in dieser Beziehung folgendes: »Numa wählte zum Pontifex aus den Patriciern den Numa Marcius, den Sohn des Marcus, und übergab ihm schriftliche Weisungen, die sich auf die sämmtlichen Religionsgebräuche bezogen: mit welchen Opfern, an welchen Tagen, in welchen Tempeln der Dienst verrichtet werden sollte, und woher das Geld zu diesen Ausgaben einkommen sollte; und alles übrige, das auf öffentlichen und Privat-Gottesdienst Bezug hatte, übergab er dem Pontifex, zu dem die Plebejer zur Unterweisung kommen sollten, damit kein göttliches Recht durch Vernachlässigung vaterländischer religiöser Gebräuche und durch Hinzufügung fremdländischer verletzt werde. Derselbe Pontifex sollte nicht nur in der richtigen Achtung gegen die himmlischen Götter unterweisen, sondern auch in der würdigen Beerdigung der Todten und der Besänftigung der Entseelten, ebenso wie auch darin, welche Wunderzeichen in den Blitzen oder andern Erscheinungen man als Ausdrücke des göttlichen Willens annehmen solle, und welche Wunderzeichen eine Versöhnung mit den Göttern (Reinigung) erforderten«[1]. In diesem Sinne, nur mit weit grösserer Ausführlichkeit, spricht auch Dionysius von Halicarnass von den Pflichten der Pontifices[2]. Auf diese

---

[1] Liv. I, 20.
[2] Dion. II, 73.

Capitel III. Schriftthum der Priester.

Weise befand sich alles, was auf Religion und ihre Ausübung Bezug hatte, alle Regeln hinsichtlich der Opfer, der heiligen Tage, der heiligen Orte u. s. w. in den Händen der Pontifices, welche, auf Grund dieser Regeln die Reinheit der Religion beobachteten, und Regelmässigkeit der religiösen Verrichtungen von den Dienern der Religion forderten[1]. Sie waren die Erklärer und Ausleger der Religion[2]. Auf ihnen lag die Verpflichtung, alle dunkeln und streitigen Fragen des göttlichen Rechts zu entscheiden[3]. Derartige Erklärungen und Entscheidungen über Fragen göttlichen Rechts häuften sich in der Folge so viel, dass Livius an einem Orte[4] von innumerabilia decreta pontificum spricht. An diese Entscheidungen (decreta) der Pontifices wandte man sich immer auch in den folgenden Zeiten, um zu wissen, was mit der Religion übereinstimmt, was nicht[5]. So wie das bürgerliche Recht in der ältesten Zeit Roms auf das engste mit dem religiösen verknüpft war, so ist verständlich, dass in dieser Zeit die Pontifices gleichfalls sich auch mit Erklärung des bürgerlichen Rechts beschäftigten[6]. Ferner befand sich in den Händen der Pontifices die Einrichtung des Kalenders, das es im Inter-

---

[1] Dion. ibid: Τάς τε ἀρχὰς ἁπάσας, ὅσαις θυσία τις ἢ θεραπεία θεῶν ἀνάκειται, καὶ τοὺς ἱερεῖς ἅπαντας ἐξετάζουσιν, ὑπηρέτας τε αὐτῶν καὶ λειτουργοὺς, οἷς χρῶνται πρὸς τὰ ἱερά, οὗτοι φυλάττουσι μηδένα ἐξαμαρτάνειν περὶ τοὺς ἱεροὺς νόμους.

[2] Dion. ibid. Liv. I, 20.

[3] Cic. de har. resp. 6: De sacris publicis, de ludis maximis, de deorum penatium Vestaeque matris caerimoniis, de illo ipso sacrificio, quod fit pro salute populi Romani, quod post Romam conditam hujus unius casti tutoris religionum scelere violatum est, quod *tres pontifices statuissent*, id semper populo Romano, semper senatui, semper ipsis diis immortalibus satis sanctum, satus augustum, satis religiosum visum est. Ibid. 7.

[4] Liv. XXXIX, 16.

[5] Macrob. Saturn. III, 3, 1: Inter decreta pontificum hoc maxime quaeritur, quid sacrum, quid sanctum, quid religiosum.

[6] Liv. IX, 46: Civile ius repositum in penetralibus pontificum. Pomponius in Dig. I, 2, 2, § 6: Et interpellandi scientia et actiones apud collegium pontificum fuit. — Val. Maxim. II, 5, 2: Ius civile per multa saecula inter sacra caerimoniasque deorum immortalium abditum solisque pontificibus notum. S. ebenf. Liv. IV, 3; Cic. de orat. I, 41 de Rep. II, 31; Dion. X, 1.

esse der Religion lag, dass die religiösen Handlungen an den gehörigen Tagen geschahen, und weltliche Beschäftigungen nicht stattfanden an Tagen, die der Religion geweiht waren; dass auf gleiche Weise Gerichte nur an Tagen, die dazu anberaumt waren, stattfanden. Bei den alten Schriftstellern finden sich viele Hinweisungen darauf, dass die Pontifices dieses Recht missbrauchten, indem sie den Kalender dem Interesse ihrer Partei und ihren eigenen Zwecken gemäss änderten[1]. Auf den Pontifices lag ebenfalls die Verrichtung einiger religiösen Verrichtungen, als: die Anwesenheit bei Einweihung von Tempeln, Opferhäusern u. s. w., die Anwesenheit bei öffentlichen Gelübden (vota) und Gebeten (precationes, obsecrationes), wobei das Haupt ihres Collegiums gewisse Religionsformeln aussprach (was man *verba praeire* nannte), welche der die Ceremonie ausführende Beamte buchstäblich wiederholen musste[2]. Ebenso musste der Pontifex die feierliche und lange Formel über die aussprechen, welche sich, wie die beiden Decier, zur Rettung des römischen Heeres zum Tode weihten[3]. Diese Formeln mussten mit der grössten Genauigkeit, welche nicht die geringste Abweichung erlaubte, ausgesprochen werden und deshalb wurden sie nach dem Buche abgelesen[4]. Endlich war den Pontifices zur Verpflichtung gemacht worden, die römischen Staatsannalen zu führen[5].

---

[1] Cens. de die nat. 20: Plerique (pontificum) ob odium vel gratiam, quo quis magistratu citius abiret diutiusve fungeretur aut publici redemptor ex anni multitudine in lucro damnove esset, plus minusve ex libidine intercalando rem sibi ad corrigendum mandatam ultro depravarunt. Suet. Caes. 40: fastos iam pridem vitio pontificum turbatos ... Amm. Marcell. XXVI, 1; Cic. ad Att. V, 9 u. 13; Macrob. I, 13.

[2] Liv. IX, 46: Coactus consensu populi pontifex maximus verba praeire. Pl. Nat. Hist. XI, (65) 174 ed. Jah: Meditatur (Metellus pontifex) in dedicanda aede Opi verba dicere. Liv. XXXI, 9: Vovit in eadem verba consul, praeeunte maximo pontifice. Liv. XLII, 28: Praeeunte verba Lepido pontifice maximo, id votum susceptum est. Vergl. Val. Max. VIII, 13, 2; Liv. XXXVI, 2; XLI, 21; Suet. Claud. 22; Orelli inscript. lat. 2394.

[3] Diese Formel ist bei Livius VIII, 9 angeführt. Vergl. Liv. X, 28.

[4] Pl. N. H. XXVIII, 2, 11 ed. San.: Videmus certis precationibus obsecrasse summos magistratus et, ne quid verborum praetereatur aut praeposterum dicatur, *de scripto praeire* aliquem rursusque alium custodem dari, qui attendat. Gell. XIII, 22: Comprecationes deum immortalium,

Capitel III. Schriftthum der Priester.

Wir haben alle die Verpflichtungen der Pontifices[1] angeführt, mit welchen die Führung der Bücher vereinigt war, die für die Zwecke, denen diese Verpflichtungen genügen sollten, nothwendig waren. Es ist augenfällig, dass die schriftstellerische Thätigkeit dieser Priester-Genossenschaft bedeutend war, wodurch sich die vielfachen Hinweisungen der alten Schriftsteller auf die den Pontifices zugehörigen Bücher erklären.

Jedoch mit Genauigkeit den Inhalt der Bücher zu bestimmen, auf welche sich die alten Schriftsteller unter verschiedenen Benennungen, als auf Bücher der Pontifices beziehen, ist ausserordentlich schwer. Bei der Vergleichung verschiedener Hinweisungen der Schriftsteller erweist es sich, dass sie die Titel nicht streng nennen, und bisweilen die Titel — libri pontificum, commentarii pontificum, libri sacrorum, libri caerimoniarum, libri de sacerdotibus — als Bücher anführen, die überhaupt den Pontifices angehören. Allein der Menge der Citate nach zu urtheilen, ist ersichtlich, dass in den *libri pontificum* diejenigen verschiedenartigen Regeln, welche Bezug auf den Gottesdienst hatten, erklärt waren, als da: hinsichtlich der religiösen Ceremonien, der Opfer, der heiligen Orte, Tage u. s. w., welche, der Ueberlieferung nach, den Pontifices von Numa übertragen waren, und in denen, nach dem Zeugniss des Livius[2], die Rede davon war, bei welchen Opfern, an welchen Tagen und in welchen geheiligten Orten der Gottesdienst vollzogen werden, und woher das Geld zur Deckung derartiger Ausgaben kommen sollte. Das müssen dieselben Bücher sein, welche den Namen *libri sacri* oder *libri sacrorum* trugen, einen Namen, mit welchem wahrscheinlich die Pontifices selbst die von Numa erhaltenen Bücher bezeichneten.

---

quae ritu Romano fiunt, expositae sunt *in libris sacerdotum* populi Romani et *in plerisque antiquis orationibus*. Macr. Saturn. III, 2: Ex praecepto pontificum verbum hoc sacrificantibus est. Vergl. Cic. pro dom. 53 u. 54; de Legib. II, 19.

[5]) Cic. de Orat. II, 12; de Leg. I, 2; Serv. ad Virg. Aen. I, 373; Gell. II, 28; Macrob. Sat. III, 2; Dion. III, ed. Putsch. p. 480.

[1]) Von den Rechten und Pflichten der Pontifices S. Jus pontificium der Römer von K. D. Hüllmann. Bonn, 1837.

[2]) Liv. I, 20.

Die Benennung *libri pontificum* wurde diesen Büchern von Leuten gegeben, die dem Collegium der Pontifices nicht angehörten. Zu diesen heiligen Büchern mögen sich, wie ein Theil zum Ganzen, auch jene verhalten, welche unter dem besonderen Namen *Indigitamenta* bekannt sind, und welche, wie wir unten sehen werden, dem in unserer Kirche gebrauchten Gebetbuch entsprachen.

Wir wollen die Sache näher ansehen. Varro, der von den Eingeweiden der Thiere spricht, die man bei den Opfern im Topfe kochte und nicht am Spiesse briet, weist unter anderm auf die Bücher der Pontifices hin[1]). Festus, der von den Opfern spricht, die der Held zu bringen hatte, welcher im Kriege dem feindlichen Anführer die Waffen abnahm, was man *spolia opima* — fette Beute — nennt, bringt das Zeugniss dafür aus den Büchern der Pontifices[2]). An einer andern Stelle, wo Festus das Wort *tesca* (öde, von der Stadt entfernte Gegenden, die irgend eine geheiligte Bedeutung hatten) erklärt, führt er zur Erklärung eine Stelle aus den Büchern der Pontifices an[3]). Servius weist bei der Erklärung des Wortes *feriae* (geheiligte Tage, an denen es nicht erlaubt ist zu arbeiten) den Leser auf die Bücher der Pontifices hin[4]). Er verweist ebenfalls auf dieselben Bücher, dass sie nicht verbieten, der Ceres Wein zu opfern[5]). Alle diese Stellen der alten Schriftsteller, die direct auf die Bücher der Pontifices hinweisen, stimmen vollkommen mit dem Charakter überein, welchen nach dem Zeugnisse des Livius[6]) die Bücher des Numa hatten, die er dem Pontifex Numa Marcius einhändigte.

---

[1]) De L. L. V, 98: Haec sunt, quarum in sacrificiis exta in olla, non in veru cocuntur, quas et Accius scribit et in *pontificiis libris* videmus.

[2]) Fest. Opima spolia, p. 189 ed. Müll... Testimonio esse *libros pontificum*, in quibus sit: Pro primis spoliis bove, pro secundis solitaurilibus, pro tertiis agno publice fieri debere.

[3]) Fest. Tesca ed. Müll. p. 356: Docent *pontifici libri*, in quibus scriptum est: »Templumque sedemque tescumque sive deo sive deae dedicaverit, ubi eos accipiat volentes propitiosque.«

[4]) Serv. ad Virg. Georg. I, 272: Sane quae feriae, a quo genere hominum, vel quibus diebus observentur, vel quae festis diebus fieri permissa sint, si quis scire desiderat, *libros pontificales* legat.

[5]) Serv. ad V. Georg. I, 344: *Pontificales* namque hoc non vetant *libri*.

[6]) Liv. I, 20

Allein es giebt Hinweisung auf *libri* pontificum, die auf einen Inhalt deuten, der sehr wenig Gemeinschaftliches mit kirchlicher Ordnung hat. So z. B. bemerkt Cicero, wo er von dem Gesetze des Valerius Publicola spricht, durch welches den Römern das Recht der Berufung an das Volk (provocatio ad populum), als an die höchste richterliche Instanz gegeben wurde, dass das Provocationsrecht schon zu den Zeiten der Könige bestand, und beruft sich dabei auf die Bücher der Pontifices [1]. Seneca lacht über das Zeugniss Cicero's, hinsichtlich des Vorhandenseins der provocatio ad populum zur Zeit der Könige, fügt jedoch hinzu, dass in diesem Falle Fenestella und einige Andere die Meinung Cicero's theilen, indem sie vorgeben, dass es so in den Büchern der Pontifices verzeichnet sei [2]. Ob eine Hinweisung auf die provocatio ad populum zur Zeit der Könige in den Büchern der Pontifices vorhanden war, oder nicht, wissen wir nicht; allein in jedem Falle ist klar, dass die Hinweisungen Cicero's, Fenestella's und »einiger anderer« Schriftsteller, die Seneca im Sinne hatte, streng genommen, nicht auf die Bücher der Pontifices sich beziehen können, von denen Livius als von Büchern spricht, die den Gottesdienst und was damit zusammenhängt betreffen. Cicero, Fenestella und Andere, die sich auf die Bücher der Pontifices zur Bestärkung ihrer Ansicht von der Existenz der provocatio ad populum zur Zeit der Könige stützen, brauchen die Bezeichnung *libri* aller Wahrscheinlichkeit nach in der allgemeinen Bedeutung dieses Wortes und verstehen darunter eigentlich entweder die Bücher, welche die Bezeichnung *commentarii pontificum* trugen, oder, was wahrscheinlicher ist, die Bücher, welche ebenfalls den Pontifices zugehörten und den Namen *annales pontificum*, auch *maximi*, trugen. In diesen letzteren Büchern, wie in officiellen Jahrbüchern, konnte sehr leicht dieses oder jenes Factum von einer Berufung an das Volk zur Zeit der Könige erzählt worden sein. An einer andern Stelle [3] weist Cicero auf die Bücher der Pontifices

---

[1]) Cic. de Rep. II, 31: Provocationem autem etiam a regibus fuisse declarant *pontificii libri*, significant nostri etiam augurales.

[2]) Sen. Ep. 108: Id ita in pontificalibus libris aliqui putant, et Fenestella.

[3]) De Orat. I, 43: Si quem aliena studia delectant, plurima est et

hin als auf Quellen des bürgerlichen Rechts. Augenscheinlich ist es, dass auch hier das Wort *libri* im allgemeinen Sinne und eigentlich statt *commentarii* gebraucht ist, denen, wie wir an seiner Stelle sehen werden, vollkommen die Bedeutung gebührt, welche dort Cicero den Büchern der Pontifices giebt.

Andererseits giebt es eine Reihe Citate, die nicht gerade die Bücher der Pontifices ausdrücklich anführen, allein nichtsdestoweniger ist es nicht schwer einzusehen, dass diese Citate sich gerade auf die Kategorie Bücher von solchem Charakter beziehen, wie wir sie für die Bücher der Pontifices im eigentlichen Sinne anerkennen. Dies sind namentlich die Hinweisungen auf libri sacrorum, libri sacri, libri caerimoniarum, libri de sacerdotibus und Indigitamenta. So lesen wir z. B. bei Festus unter dem Worte Molucrum[1]): »Cloatius und Aelius (Stilo) sagen, dass molucrum in den libri sacrorum ein viereckiges Stück Holz bedeute, auf dem geopfert wird.« Dass dieses Zeugniss sich auf Bücher der Pontifices bezieht, in denen nach dem Zeugnisse des Livius die ganze Ordnung der Opferung dargestellt war, ist selbstverständlich. Dass die libri sacri und libri pontificales oder pontificii ein und dasselbe waren, ist deutlich zu sehen, ferner, aus dem Zeugnisse des Servius, welcher da, wo er von einer Verordnung der heiligen Bücher (libri sacri) spricht, die sich auf die Feier der Abgeschiedenen (feriae denicales) bezieht, gleich darauf hinzufügt, dass überhaupt über alles das, was Bezug auf feriae hat, man die Bücher der Pontifices lesen müsse[2]). Ein zweiter Beweis, dass die libri sacri (oder, was dasselbe ist, die libri sacrorum) und libri pontificales ein und dasselbe sind, finden wir bei Columella, welcher da, wo er von denselben feriae denicales spricht, geradezu auf die Bücher der Pontifices hinweist[3]).

---

in omni iure civili et in *pontificum libris* et in XII tabulis antiquitatis effigies, quod et verborum prisca vetustas cognoscitur, et *actionum* genera quaedam maiorum consuetudinem vitamque declarant.

1) Fest. ed. Müll. p. 141: Cloatius et Aelius in *libris sacrorum* molucrum esse ajunt lignum quoddam quadratum, ubi immolatur.

2) Serv. ad Virg. Georg. I, 272. Diese Stelle ist oben (p. 51) angeführt.

3) Colum. de Re rust. II, 21, 5: Nos apud *pontifices* legimus, *feriis* tantum *denicalibus* mulos iungere non licere, ceteris licere.

Capitel III. Schriftthum der Priester.

Wenn wir nicht daran zweifeln können, dass die libri sacrorum oder libri sacri ein und dasselbe waren, was die libri pontificales (pontificii, pontificum), so ist auch schwer daran zu zweifeln, dass die von Tacitus[1]) erwähnten *libri caerimoniarum* nur eine andere Benennung für dieselben Bücher sind. *Libri caerimoniarum*, wie das Wort caerimonia selbst bezeugt, können nichts anders sein, als Bücher, in welchen die Regeln des Gottesdienstes vorhanden waren, was freilich auch die libri sacrorum waren. Sehr leicht kann es sein, dass die libri caerimoniarum nur ein Theil der heiligen Bücher waren, in denen, wie man glauben muss, nicht nur die Regeln des äusseren Gottesdienstes aufgeschrieben waren, sondern neben der rituellen auch die dogmatische und kanonische Seite der Religion berücksichtigt war. Hierbei muss man jedoch bemerken, dass nach dem Sinne der Worte des Tacitus sich ergiebt, dass die libri caerimoniarum sich mit den libri sacrorum identificiren; denn er erwähnt ihrer in Bezug einer kanonischen Frage, nämlich: hat der Flamen Dialis das Recht, Italien aus irgend einem Grunde zu verlassen[2])? Aus Gellius wissen wir, dass in den libris caerimoniarum unter anderm auch Fragen des kanonischen Rechts erörtert worden, z. B. die Pflichten der Priester, da die Ceremonien, d. h. die rituelle Seite der Religion, in den Büchern, genannt de Sacerdotibus, erklärt sind[3]). Dies giebt uns Grund zu glauben, dass der Ausdruck des Tacitus libri caerimoniarum in dem weiten Sinne gebraucht ist, in welchem andere Schriftsteller den Ausdruck libri sacrorum brauchten, welcher, wie wir gesehen haben, gleichbedeutend mit dem Ausdruck libri pontificales war. Unter den letztern muss man, nach den Hinweisungen der alten Schriftsteller zu urtheilen, Bücher verstehen, welche Alles umfassen, was sich auf Religion bezieht, ihre Gebräuche, Verordnungen und den Cultus.

Es ist ersichtlich, dass die römischen Schriftsteller sich nicht an den genauen Gebrauch der Titel hielten, wenn

---
[1]) Ann. III, 58.
[2]) Ibid. Nulla de eo populi scita, non in *libris caerimoniarum* reperiri.
[3]) Noct. Att. X, 15, 1: Caerimoniae impositae flamini Diali multae, item castus multiplices, quos in *libris*, qui *de sacerdotibus publicis* compositi sunt, item in Fabii Pictoris librorum primo scriptos legimus.

sie auf die Pontificalbücher hinwiesen. Allein andrerseits ist es sehr möglich, dass bei diesen Hinweisungen man bisweilen nur verschiedene Abtheilungen dieser Bücher im Sinne hatte, und dadurch wird erklärlich, wenn dieser oder jener Schriftsteller nicht überhaupt auf die Bücher der Pontifices hinweist, sondern auf die Bücher de Sacerdotibus, Caerimoniarum, Indigitamenta u. s. w. Dass solche Abtheilungen in den Büchern der Pontifices — wenigstens in ihrer spätern Zusammenstellung, auf die ohne Zweifel die Hinweisungen der alten Schriftsteller sich beziehen — wirklich vorhanden waren, versteht sich von selbst, und bedarf keines Beweises, weil es nicht möglich ist, die Abwesenheit jeglichen Systems in Büchern vorauszusetzen, die von sehr verschiedenen Gegenständen handelten. Allein diese Abtheilungen jetzt in ihren eigentlichen Benennungen wiederherzustellen, halten wir bei der Unklarheit der Hinweisungen bei den Schriftstellern für vollkommen unmöglich. So wissen wir z. B. nicht, zu welcher Abtheilung von Büchern der Pontifices man die Hinweisungen der alten Schriftsteller rechnen soll, welche sich auf die Vorschriften hinsichtlich der Beerdigung der Todten beziehen. Varro bemerkt an einer Stelle, wo er von einem Gebrauche bei der Beerdigung spricht, ganz einfach: »wie die Pontifices sagen.«[1]) Servius bemerkt da, wo er spricht, dass die Erhängten kein Begräbniss erhalten, nur, dass »es so in den pontificalen Büchern vorgesehen sei[2]).« Ebensowenig kann man bestimmen, wo in den Büchern der Pontifices die Eintheilung der Bäume in glückliche und unglückliche vorhanden war. Demungeachtet wissen wir, dass die Rede davon gerade in den Pontificalbüchern war, wie aus folgenden Worten des Macrobius ersichtlich ist: »Man muss wissen, dass der weisse Feigenbaum zu den glücklichen Bäumen, der schwarze hingegen zu den unglücklichen gehört. Beides lehren uns die Pontifices[3]).« Wie die Eintheilung der Bäume in glückliche und unglückliche eine der Menge wenig bekannte reli-

---

[1]) De L. L. V, 23: Ut *pontifices dicunt*.

[2]) Serv. ad Virg. Aen. XII, 603: Cautum erat in *pontificalibus libris*, ut qui laqueo vitam finisset, insepultus abiiceretur.

[3]) Macr. Saturn. III, 20, 2: Sciendum quod ficus alba ex felicibus sit arboribus, contra nigra ex infelicibus. *Docent nos utrumque pontifices.*

giöse Bedeutung hatte, so war dies schon im Alterthum, zusammt mit der übrigen religiösen Terminologie der Pontifices, Gegenstand der Untersuchung. Gleich nach der soeben angeführten Stelle zählt Macrobius eine Reihe Bäume auf, die bei den Pontifices für glücklich gelten, auf Grund des von ihm oft citirten Veranius, der unter andern auch ein Werk schrieb: *De pontificalibus verbis*. — Auf gleiche Weise werden wir trotz aller Mühe nie finden, bei welcher Gelegenheit und in welcher Abtheilung der Bücher der Pontifices die Mythe vom latinischen König Picus erzählt wurde, welcher von Circe wegen Nichterwiderung ihrer Liebe in den Specht (picus) verwandelt ward, und wo von der Gabe der Prophezeiung dieses Vogels gesprochen wurde[1]).

Allein es giebt eine Reihe von Hinweisungen auf die Bücher der Pontifices, die wir mit vollkommener Gewissheit einem bekannten Abschnitte dieser Bücher zutheilen können. Zu diesem Abschnitte gehören die Hinweisungen, in welchen es sich um eine grosse Menge römischer Gottheiten, ihre verschiedenen Namen und um die Eigenschaften dieser letzteren handelt. So bemerkt Cicero in seinem Werke »Ueber die Natur der Götter«, dass in den Büchern der Pontifices die Zahl der Namen der Götter nicht gross sei, die der Götter aber unzählbar[2]). Macrobius zählt, auf Grund eines Zeugnisses des Corn. Labeo, einige Namen auf, die in den Büchern der Pontifices die Göttin Maja führt[3]). Servius behauptet auf Grund der Bücher der Pontifices, dass den höhern Götter eine ungleiche Anzahl Opferaltäre beliebte, den niedern eine paarweise[4]). Ob das Zeugniss des Servius unzweifelhaft zu dem Abschnitt der Bücher der Pontifices gehört, von dem wir gleich reden werden, oder ob es aus einem andern Abschnitte

---

[1]) Serv. ad Virg. Aen. VII, 190: Quod *pontificales* indicant *libri*.

[2]) Cic. de Nat. deor. I, 30: Deinde nominum (deorum) non magnus numerus ne in *pontificiis* quidem nostris: deorum autem innumerabilis.

[3]) Macrob. Saturn. I, 12, 22: Hanc eandem Bonam Faunamque et Opem et Fatuam *pontificum libris* indigitari.

[4]) Serv. ad. Virg. Bucol. V. 66: Sane quaeritur, cur duo altaria Apollini se positurum dicat (Menalcas), cum constet, supernos deos impari gaudere numero, infernos vero pari . . . Quod etiam *pontificales* indicant *libri*.

genommen ist, kann man nicht positiv behaupten, allein vermuthen kann man, dass es zu dem Abschnitte gehört, welchem die oben angeführten Zeugnisse des Cicero und Macrobius entnommen sind. Und zu welchem Abschnitte der Bücher der Pontifices diese Zeugnisse gehören, dies ist aus den Worten des Servius ersichtlich, welcher da, wo er von dem Gebrauche der Pontifices spricht, bei jeder religiösen Ceremonie nach Anrufung der besondern, auf den Fall bezüglichen Gottheiten, auch die Götter überhaupt anzurufen, bemerkt: »Diese Namen der Gottheiten finden sich in den Indigitamenten, d. h. in den Büchern der Pontifices, welche sowohl die Namen der Götter, als auch die Veranlassungen zu diesen Namen enthalten[1].« Dasselbe erhellt auch aus den Worten des Censorinus, der von einer Menge Götter spricht, welche das Leben der Menschen bewahren, und den Leser, der sich mit diesen Göttern näher bekannt machen will, geradezu an die *Indigitamenta* hinweist[2]). Folglich, alle Hinweisungen der Schriftsteller auf die Bücher der Pontifices, die sich auf Namen und Eigenschaften der Götter beziehen, gehören zu dem Abschnitte der Bücher, welcher den Schriftstellern unter dem Namen Indigitamenta bekannt war. Was sind nun diese Indigitamenta?

Die Lösung dieser Frage muss man mit der Definition dieses Wortes beginnen. Die etymologische Erklärung desselben ist viel einfacher, als es den ersten Anschein hat. Die alten Philologen, wie Verrius Flaccus, und nach ihm Festus und Paulus Diaconus geben uns die Erklärung dieses Wortes, ohne sich mit der Etymologie zu beschäftigen, die augenscheinlich für sie nicht klar war. Bei Paulus Diaconus heisst es: Indigitamenta, incantamenta, vel indicia[3]). Incantare heisst durch Gesang bezaubern, indicere — auf etwas mit Worten hinweisen, mit Worten bezeichnen, anzeigen ($\kappa\alpha\tau\alpha\gamma\gamma\acute{\epsilon}\lambda\lambda\epsilon\iota\nu$), und

---

[1] Serv. ad Virg. Georg. I, 21: Nomina haec numinum in Indigitamentis inveniuntur, i. e. in *libris pontificalibus*, qui et nomina deorum et rationes ipsorum nominum continent

[2] Cens. de die nat. 3: Genio igitur potissimum per omnem aetatem quotannis sacrificamus, quamquam non solum hic, sed et alii sunt praeterea dei complures hominum vitam pro sua quisque portione adminiculantes, quos volentem cognoscere *indigitamentorum libri* satis edocebunt.

[3] Paul. ed. Müll. p. 114.

überhaupt hinweisen. In der Erklärung des Paulus Diaconus kann man das Wort *indicia* als einen Versuch einer etymologischen Erklärung des Wortes Indigitamenta ansehen. Durch *incantamenta* wollte Verrius Flaccus ein ihm unklares Wort praktisch, durch seine reale Bedeutung wiedergeben, was für ihn viel leichter war. Deshalb erklärt er auch die gesetzliche Form des Imperativs *indigitanto* mit dem Worte *imprecanto*[1]), dessen Bedeutung dem Zeitwort *incantare* sehr nahe liegt. Wenn wir die uns von Paulus Diaconus erhaltene Erklärung des Verrius Flaccus gehörig beachten, so ist es nicht schwer zu bemerken, dass darin ein richtiger Gesichtspnnkt angezeigt ist, sowohl für die Etymologie des Wortes als auch für den Inhalt der kirchlichen Bücher, welche mit dem Namen Indigitamenta bezeichnet waren.

Beim ersten Anblick fällt es in die Augen, dass das Wort indigitamenta von indicitare, das seinerseits von indicere (indicium, index) abstammt. Es ist nicht nöthig zu erwähnen, dass indicitamenta vollkommen dasselbe sei wie indigitamenta, denn einem Jeden ist bekannt, dass der Buchstabe *g* in das lateinische Alphabet erst später durch Sp. Carvilius Ruga eingeführt, und bis zu dieser Zeit beständig durch *c* ersetzt wurde[2]). Wenn es nun keinem Zweifel unterliegt, dass indigitamenta (indicitamenta) ein Wort ist, das von indicitare, der ältesten frequentativen Form von indicere, abstammt, so erhält sich dessen Bedeutung ohne besondere Mühe vermittelst der Stellen aus den alten Schriftstellern, wo das Wort indigitare angeführt wird. Wir wissen bereits, dass Verrius Flaccus das Wort indigitare durch imprecari erklärt, ein Wort, das in Bezug zu den Göttern, beten, Gebete abschicken bedeutet; indigitamenta bedeutet, nach Erklärung desselben Philologen, incantamenta, was dem Worte »Zauberformel« entspricht. Gehen wir weiter. Tertullian braucht an einer Stelle[3]) den Ausdruck: indigitare preces, was unserm: Gebete hersagen, entspricht. Macrobius, der davon spricht, wie die Vestalinnen sich mit Gebet an Apollo wenden, drückt sich

---

[1]) Paulus ibid.
[2]) S. I Kapitel, p. 25.
[3]) De Jeiun. 16.

so aus: Virgines Vestales ita indigitant: Apollo Medice, Apollo Paean[1]). Varro, nach dem Zeugniss des Nonius[2]) sagt, dass die Römerinnen bei der Entbindung die Göttin Numeria anrufen, welche gewöhnlich auch die Pontifices anrufen (solent *indigitare*). Macrobius, auf Grund der Worte des Corn. Labeo, spricht von der Göttin Maja, dass sie in den Büchern der Pontifices auch mit anderen Worten angerufen wurde (indigitari)[3]). Aus den angeführten Beispielen ist ersichtlich, dass das Zeitwort indigitare überall im Sinne der Anrufung der Götter gebraucht wird, ob als Zauber, Gebet oder Loberhebung, gleichviel, aber nur in dieser Bedeutung, ausschliesslich jeder andern. Endlich sagt Servius geradezu: indigeto est precor et invoco[4]). Folglich sind die Bücher der Pontifices, die unter dem Namen Indigitamenta bekannt waren, nichts als Religionsbücher, die, so zu sagen, die Ordnung der Verehrung der verschiedenen Götter enthalten, Bücher, nach denen man sich zu jeder Gottheit auf die gehörige Weise wenden konnte, indem man sie bei ihren gehörigen Namen anrief, und die durch die Kirche geheiligten Gebete an sie richtete.

Schon im Alterthum waren die Indigitamenta ein Gegenstand gelehrter Forschungen. Nach dem Zeugnisse des Censorinus[5]) hat Granius Flaccus (ohne Zweifel derselbe, welcher nach der Angabe des Juristen Paulus[6]) auch den Tractat de iure Papiriano herausgab) eine besondere Schrift de Indigitamentis verfasst, die er Caesar widmete; von jener Schrift ist uns indessen Nichts geblieben als dieses Zeugniss über ihre Existenz. Denselben Gegenstand behandelte auch Varro in den »Antiquitates rerum humanarum et divinarum«, in welchen unter jenen 16 der Religion gewidmeten Büchern 3 ausschliesslich von denjenigen Göttern handelten, die der

---

[1]) Saturn. I, 17, 15.
[2]) Non. ed. Putsch. p. 352.
[3]) Saturn. I, 12, 22. Der Text ist oben angeführt.
[4]) Ad Virg. Aen. XII, 794.
[5]) De die nat. 3: Eundem esse Genium et Larem multi veteres memoriae prodiderunt, in quis etiam Granius Flaccus in libro, quem ad Caesarem de Indigitamentis scriptum reliquit.
[6]) Dig. L. 16, 144.

Verfasser in dii certi, dii incerti und dii praecipui atque selecti eintheilte[1]). Die Götter der ersten Klasse nämlich, welche unter besonderen Namen verehrt wurden und zu dem menschlichen Dasein in bestimmt abgegrenzten Beziehungen standen, waren diejenigen, auf welche sich die Indigitamenta bezogen. Auch die Varronische Schrift ist nicht auf uns gekommen, aber von seinen Auslegungen über die Götter der Indigitamenta haben sich bei einigen Kirchenvätern und hauptsächlich in der Schrift des h. Augustinus de Civitate Dei viele Ueberreste erhalten. Die Frage hinsichtlich der Götter der Indidigitamenta ist von Ambrosch genügend erforscht in seiner Schrift »Ueber die Religionsbücher der Römer.« Auf dieser Schrift beruht die Darstellung von Marquardt im 4. Bande seiner »Römischen Alterthümer«, von Preller in seiner »Römischen Mythologie« u. s. w. Es ist also für uns nicht nöthig, die Sache hier in's Einzelne zu verfolgen.

Der Gesetzgeber der Römischen Religion, Numa Pompilius, dem die Zusammenstellung der ursprünglichen Indigitamenta gehört[2]), ordnete die Sterblichen den Himmlischen in einem solchen Grade unter, dass kein Act im menschlichen Leben von dem Einflusse einer Gottheit frei erschien; der Mensch sollte diese Abhängigkeit stets fühlen und deswegen aus allen Kräften bemüht sein, sich die Götter geneigt zu machen. Daraus erklärt sich vollständig jenes beschwerliche System der gottesdienstlichen Gebräuche, welche dem Römer oblagen, jenes System, welches schon den alten Schriftstellern als ein beschwerliches erschien[3]) und der Gegenstand des Unwillens und Spottes von Seiten der Kirchenväter wurde[4]).

---

[1]) August. de Civ. Dei VI, 3.
[2]) Arnol. II, 73: Non doctorum in litteris continetur, Apollinis nomen Pompiliana Indigitamenta nescire? Lact. I, 22, 4: Numa deos per familias descripsit.
[3]) Cic. de Rep. II, 14: Sacrorum autem ipsorum diligentiam difficilem, apparatum perfacilem esse voluit (Numa). Liv. I, 21: Deorum assidua insidens cura, quam interesse rebus humanis coeleste numen videretur.
[4]) Tert. Apolog. 21: Pompilius Numa, qui Romanos operosissimis superstitionibus oneravit; ibid. 25: a Numa concepta est curiositas superstitiosa. Derselbe de praescript. haer. 40: Si Numae superstitiones revolvamus, si sacerdotalia officia, insignia et privilegia, si sacrificalia

Die äusserste Abhängigkeit des Menschen von der Gottheit floss aus dem überlieferten und nachher von den Pontifices schrankenlos ausgedehnten Dogma[1]), nach welchem jeder einzelne Act des menschlichen Lebens und der menschlichen Thätigkeit sich unter dem nothwendigen Beistande einer bestimmten Gottheit vollzieht[2]). Jede von diesen Gottheiten hatte ihren besonderen Namen, und sie forderte selbstverständlich, dass sie im passenden Momente angerufen werde. Wie nun diese Götter hiessen und in welcher Art man sich an sie wenden müsse, das lehrten die Bücher, welche Indigitamenta genannt wurden.

Dass dieses der Inhalt der Indigitamenta gewesen, geht klar hervor aus positiven Zeugnissen. So macht Censorinus[3]), als er von dem Genius spricht, der das menschliche Leben vom ersten bis zum letzten Augenblicke beschirme und deshalb alljährlich mit neuen Opfern verehrt werde, folgende Bemerkung: »Doch giebt es auch noch viele andere Gottheiten, welche jeder in seinem Kreise dem Menschen ihre Hilfe angedeihen lassen; wer diese kennen lernen will, dem können die Bücher der Indigitamenta genügenden Aufschluss geben. Aber alle diese Gottheiten zeigen nur einmal in jedem Menschen die Wirkung ihrer göttlichen Kraft, weshalb sie auch im Laufe des ganzen menschlichen Lebens nicht mit neuen Opfern verehrt werden.« Dies waren die Götter, welche jeder zu seiner Zeit dem Menschen ihre Hilfe angedeihen liessen, anfangend von seiner Empfängniss im Mutterleibe bis zu seinem Tode. Da aber solche Acte wie Empfängniss, Geburt, Erlangung des Sehvermögens u. dgl. bis zum Tode nur ein Mal im menschlichen Leben eintreten, so erklärt sich, dass, wie Censorinus sagt,

---

ministeria et instrumenta et vasa ipsorum sacrificiorum, si piaculorum et votorum curiositates consideremus, nonne manifeste diabolus morositatem illam Judaicae legis imitatus est?

1) Aug. de Civ. Dei IV, 8: Quando autem possunt uno loco libri huius commemorari omnia nomina deorum aut dearum, quae illi (Romani) grandibus voluminibus vix comprehendere potuerunt, singulis rebus propria dispertientes officia numinum?

2) Serv. ad Virg. Aen. II, 141: Pontifices dicunt, singulis actibus proprios deos praeesse.

3) De die nat. 3.

die Wirkung der göttlichen Kraft jedes einzelnen dieser himmlischen Wesen nur ein Mal in jedes Menschen Dasein sich äussert. Doch ausser diesen Göttern, welche dem physischen Leben des Menschen an und für sich mit ihrer Hilfe beistehen, war in den Indigitamenta auch die Rede von jenen, welche zu den zur Erhaltung und Pflege des menschlichen Lebens nothwendigen Dingen in Beziehung standen. Auf diese Reihe der Götter weist Servius hin bei seiner Erklärung des Vergil'schen Verses:

Dique Deaeque omnes, studium quibus arva tueri[1]).

Er sagt, der Dichter wende sich nach spezieller Anrufung derjenigen Gottheiten, welche dem Ackerbau vorständen, an alle Götter dieser Art überhaupt, um keines dieser himmlischen Wesen zu übergehen; und zwar handle Vergil hier »in Uebereinstimmung mit dem Gebrauche der Pontifices, welche nach dem alten Ritus bei jeder Opferhandlung nach Anrufung der für den betreffenden Fall speziell anzurufenden Götter sich an alle insgesammt zu wenden pflegen. Die Namen aber dieser Götter finden sich in den Indigitamenta d. h. in den Büchern der Pontifices. Diese Bücher aber enthalten sowohl die Namen der Götter als auch die Veranlassungen der Namen selbst.«

Zwei Klassen von Göttern also sind es, von welchen nach den Zeugnissen der alten Schriftsteller in den Indigitamenten die Rede war. Doch ist es schwer zu glauben, dass diese beiden Kategorien der Götter in den libris pontificum selbst unterschieden gewesen; vielmehr ist anzunehmen, dass diese Eintheilung dem Varro angehöre, auf dessen Forschungen sehr wahrscheinlich die folgenden Schriftsteller sich stützten. Letzteres gilt wenigstens sicher von Servius, da nicht füglich zu glauben ist, dass die heiligen Bücher, welche zum Gebrauche bei religiösen Verrichtungen bestimmt waren, daneben auch philologische Erklärungen enthalten hätten, wie Servius anzudeuten scheint, wenn er sagt, dass in diesen Büchern sich nicht nur die Namen der Götter fänden, sondern auch die Gründe, wegen welcher jedem einzelnen Gotte sein Name gegeben worden (et nomina deorum et rationes ipsorum

---

[1]) Ad Virg. Georg. 1, 21.

nominum). Vielmehr gehören diese Namenserklärungen, die Servius gleich nach den oben angeführten Worten als Beispiele vorbringt, dem Varro an, der, wie bemerkt, der Forschung über die Götter 3 Bücher widmete. Die zweite Götterklasse aber ist nicht auf die Götter des Ackerbaues zu beschränken: von diesen, deren Namen in den Indigitamentis sich fanden, redet Servius nur gelegentlich. Varro selbst, der dem Servius die eigentliche Quelle ersetzte, zählt zu der zweiten Kategorie alle diejenigen Götter, welche zu den dem menschlichen Leben nothwendigen Dingen in Beziehung standen, als da sind: Speise, Kleidung u. dgl. Augustinus, dem wir für die Erhaltung so mancher Nachrichten aus den Antiquitates des Varro ausserordentlich verpflichtet sind, sagt: »Endlich Varro selbst beginnt die Erwähnung und Aufzählung der Götter, die er von Janus anfängt, von der Empfängniss des Menschen und führt diese Reihe durch bis zum Tode des abgelebten Menschen; und die zum Menschen selbst gehörenden Götter schliesst er mit der Göttin Naenia, welche bei den Leichenbegängnissen betagt gewordener Menschen besungen wird. Sodann hebt er an von andern Göttern zu sprechen, die nicht zum Menschen selbst gehören, sondern zu seinen Bedürfnissen, wie Speise, Kleidung u. s. w., und zu Allem was dem menschlichen Leben nothwendig ist, und überall zeigt er, welches die Thätigkeit jedes einzelnen Gottes sei und in welchen Fällen man zu einem jeden von ihnen beten müsse[1].« Diese Eintheilung der Götter in zwei Klassen, deren die eine zur Bedienung der menschlichen Natur selbst, die andere zur Befriedigung der äusseren Bedürfnisse dieser Natur bestimmt ist, giebt uns nicht nur eine Vorstellung von dem durchdachten System der Theologie, sondern deutet auch auf das Streben nach wissenschaftlicher Form ihrer Behandlung. Daher können wir nicht zugeben, dass ein so streng durchgeführtes System den Indigitamentis selbst angehörte, d. h. jenen Büchern, welche in ähnlicher Weise wie unsere Gebetbücher zum praktischen Gebrauche bestimmt waren. Dass in den Indigitamentis selbst, wie in den Büchern der Gebete und geheiligten Formeln zur Anrufung der Götter auf jeden

---

[1] De Civ. Dei VI, 9.

Fall irgend ein System vorhanden war, das versteht sich von selbst und ergiebt sich schon aus dem Bedürfniss, bei dem praktischen Gebrauche dieser Bücher eine gewisse Bequemlichkeit der Benutzung herbeizuführen; aber eine Theilung dieser Art wird gänzlich verschieden gewesen sein von dem theologischen System in der Schrift des Varro. Wir können deshalb nicht mit Ambrosch[1]) übereinstimmen, der glaubt, Varro sei in seinem Systeme der Eintheilung der Indigitamenta selbst gefolgt. Im Gegentheil hegen wir auf Grund unserer Combinationen die Ueberzeugung, dass die Theilung der Götter in die zwei angeführten Klassen nicht den Indigitamenta angehörte, sondern dem Varro, dessen geschicktes System selbst Augustin[2]) bewundert, und dass Censorinus und Servius, indem sie von diesen Klassen der Götter reden, nicht auf die Indigitamenta zurückgegangen sind, die sie vielleicht auch niemals gesehen haben, sondern auf die Schrift des Varro; dem Censorinus jedoch, wie oben bereits bemerkt wurde, war noch eine andere Schrift über die Indigitamenta bekannt, welche den Granius Flaccus zum Verfasser hatte.

Die Kirchenväter, besonders Augustin und Tertullian, haben uns in ihren gegen das Heidenthum polemisirenden Schriften die Masse der Namen jener Götter aufbewahrt, welche zu den beiden von Varro aufgestellten Klassen gehören. Wir halten es nicht für nöthig, eine Aufzählung dieser Götter zu geben, da bereits vor längerer Zeit Ambrosch in seiner Schrift über die Religionsbücher sich dieser Aufgabe in befriedigender Weise unterzogen und manchen folgenden Forschern als Grundlage gedient hat.

In ihrer Grundlage gehören die Bücher der Indigitamenta, in welchen religiöse Gebete und Anrufungen zu den Göttern des ältesten römischen Cultus aufgezeichnet waren, der entferntesten Zeit der römischen Geschichte an. Dies ergiebt sich theils aus der noch niedrigen Stufe religiöser Weltanschauung der Römer, wie sie hier zu Tage tritt, theils auch aus manchen offenbar sehr uralten Götternamen (wie Hostilina, Rumina, Pales). Nach den Zeugnissen des Alterthums wurden jene

---

[1]) Ueber die Religionsbücher der Römer, p. 8.
[2]) De Civ. Dei VI, 4.

heiligen Bücher zuerst von Numa zusammengestellt, dem wir ja überhaupt die meisten religiösen Einrichtungen der Römer verdanken[1]). Die Einführung neuer Götter in den römischen Cultus veranlasste eine Erweiterung der Indigitamenta, da die neuen Götter natürlich auch neue Gebete erforderten. Sicher ist z. B., dass die Indigitamenta des Numa noch nicht die Gebete zu den Göttern des griechischen Cultus enthielten, der erst in der Zeit der Tarquinier in die römische Religion einzudringen anfing. Arnobius sagt ausdrücklich, dass dort der Name des Apollo noch nicht vorgekommen sei[2]), während Macrobius sogar die vorgeschriebene Anrufung des Apollo mittheilt[3]), so dass es klar ist, dass derartige Gebete zu Apollo erst in die heiligen Bücher aufgenommen wurden, als auch der Cult dieses Gottes selbst bereits in die römische Religion eingeführt war. Aber der Grundbestand der Indigitamenta musste stets unverletzt bleiben; selbst in den spätesten Zeiten duldete die römische Religion auch nicht die geringsten Abweichungen von den hergebrachten und geheiligten Formeln. Wenn in der Zeit des Plinius die Strenge hinsichtlich der äusseren Form jener heiligen Gebete so weit ging, dass man unter keiner Bedingung irgend ein Wort aus denselben auslassen oder auch verstellen durfte, und wenn die Achtung der Unverletzlichkeit der religiösen Formeln in der Kaiserzeit auf das Sorgfältigste unterstützt wurde, so dass bei dem Hersagen dieser Formeln der Eine aus dem Buche (de scripto) vorsprach, der Zweite die vorgesprochenen Worte nachsagte und ein Dritter aufmerksam auf das richtige Lesen achtete[4]), so ist es klar, dass in den ältesten Zeiten die Unantastbarkeit des heiligen Textes der Gebete und Verwün-

---

[1]) Vgl. die oben angeführten Stellen: Cic. de Rep. II, 14; Liv. I, 21; Tert. Apolog. 21 u. 25; Arnob. II, 73; Lact. I, 22, 4.

[2]) Arnob. II, 73: Non doctorum in litteris continetur, Apollinis nomen Pompiliana Indigitamenta nescire?

[3]) Saturn. I, 17, 5: Virgines Vestales ita indigitant: Apollo Medice, Apollo Paean.

[4]) Plin. N. H. XXIII, 1, 2 ed. Jan. Videmus certis precationibus obsecrasse summos magistratus et, *ne quid verborum praetereatur aut praeposterum dicatur*, de scripto praeire aliquem rursusque alium custodem dari, qui attendat.

schungen noch mehr geschützt war. Dass eine Veränderung der überlieferten Formeln in keinem Falle zugelassen wurde, auch dann nicht, wenn dieselben den Dienern der Religion selbst unverständlich geworden waren, dafür haben wir sprechende Zeugen an dem Hymnus der Arval-Brüder und den Gesängen der Salier, insofern dieselben sich bis auf unsere Tage erhalten haben. Hinsichtlich der letzteren sagt Quintilian ausdrücklich, dass sie zwar den Priestern selbst ziemlich unverständlich geworden seien, dass aber eine Veränderung durchaus nicht gestattet werde[1]).

---

[1]) Quint. I, 6, 40: Saliorum carmina vix sacerdotibus suis satis intellecta; sed illa *mutari vetat* religio et consecratis utendum est.

Capitel IV.

Die Commentarien der Pontifices und der römische Kalender.

Von den alten Schriftstellern werden sehr oft *commentarii pontificum* erwähnt. Aber die Hinweisungen auf die Bücher unter solchem Titel werden von ihnen so nachlässig gemacht, dass es keine Möglichkeit giebt, alle Hinweisungen auf die *commentarii pontificum* zu einer Gattung der Pontificalbücher zurückzuführen. Früher sind wir Hinweisungen auf *libri pontificum* in solchen Fällen begegnet, in welchen dieser Titel auf *commentarii* oder *annales pontificum* bezogen werden könnte. Wir haben auch Hinweisungen auf *libri sacrorum, libri sacri, libri caerimoniarum, libri de sacerdotibus* ohne Unterschied gesehen. Ebenso werden auch *commentarii pontificum* sehr oft bei solchen Gelegenheiten angeführt, wo man nicht leicht eine Hinweisung auf eine specielle Gattung der Pontificalbücher dieses Namens erwarten sollte. Solcher Art z. B. ist die sehr bekannte Stelle des Livius[1]), wo er, indem er auf *commentarii pontificum* hinweist, augenscheinlich die Absicht hat, dadurch nicht irgend welche specielle Gattung der Pontificalbücher, sondern die Bücher dieser Genossenschaft überhaupt, oder, wenn man in dieser Hinweisung durchaus irgend welche besondere Bücher sehen will, am ehesten historische Bücher, d. h. *annales pontificum* zu bezeichnen. Indem Livius über den Untergang

---

[1]) Liv. VI, 1: Quae in *commentariis* pontificum aliisque publicis privatisque monumentis incensa urbe pleraque interiere.

Capitel IV. Die Commentarien der Pontifices

des grösseren Theils der Schriftdenkmäler bei dem gallischen Brand in Rom spricht, hat er nur die Absicht auf den Mangel an Quellen für eine gründliche Geschichte Roms vor dem Einfall der Gallier hinzuweisen. Daraus ergiebt sich, dass diejenigen *commentarii pontificum*, die, wie wir sehen werden, juridische Bedeutung hatten, vor anderen unbedingt wichtigeren geschichtlichen Denkmälern nicht angeführt werden konnten; indessen Livius weist hier auf die *commentarii*, als auf das wichtigste Document hin, welches er allein für werth hielt, namentlich hier anzuführen, indem er alle anderen Schriftdenkmäler hier nur im Allgemeinen erwähnt (aliisque publicis privatisque monumentis). Solche Nachlässigkeit in der Anführung der genauen Titel der fundamentalen Documente ist durchaus natürlich für Livius, der bei der Abfassung seiner römischen Geschichte es nicht für nöthig hielt, den ältesten Denkmälern nachzuforschen, sondern es für genügend hielt die Annalisten zu compiliren[1]). Auch Quintilianus ist nicht ganz frei von dem Vorwurfe einer gewissen Nachlässigkeit, wenn er als Beispiel der veralteten Sprache die *Commentarien* der Pontifices und die ältesten Bündnisse anführt[2]). Wir sehen keine Nothwendigkeit auch in diesem Fall unter den Commentarien der Pontifices specielle Bücher dieser Benennung zu verstehen, sondern wir sind vielmehr geneigt anzunehmen, dass Quintilianus mit diesem Titel überhaupt die Pontificalschriften bezeichnete.

Wenn wir die Hinweisungen der Schriftsteller auf die *Commentarien* der Pontifices beachten wollen, welche nicht im Allgemeinen gemacht werden, sondern auf specielle Gelegenheiten sich beziehen, so werden wir sehen, dass der Inhalt dieser Commentarien von dem Inhalt der anderen Pontificalbücher verschieden war. Die wichtigste Stelle, welche sich darauf bezieht, findet sich bei Livius in der berühmten Rede des Tribunen Canulejus, die in der Volksversammlung bei Anlass

---

[1]) Vergl. unt. and. Wachsmuth, Die ältere Geschichte des römischen Staates. Halle, 1819 p. 33 ff.

[2]) Quint. VIII, 2, 12: Obscuritas fit etiam verbis ab usu remotis, ut si commentarios quis pontificum et vetustissima foedera et exoletos scrutatus auctores id ipsum petat ex his, quae inde contraxerit, quod non intelliguntur.

der von ihm eingebrachten Gesetzprojecte einerseits über die
Ehe zwischen Patriciern und Plebejern und andererseits über
die Zulassung der Plebejer zum Consulate gehalten war. Indem der feurige Tribun über die Ungleichheit der Plebejer
mit den Patriciern sich beklagt hat, sagt er, dass den Plebejern weder zu den Fasten, noch zu den Commentarien der Pontifices der Zutritt gestattet sei[1]). Oben sagten wir, dass den Pontifices das Recht angehörte den Kalender zu führen, und dass sie
dieses Recht nicht selten zu egoistischen Zwecken benutzten;
ebenso wiesen wir darauf hin, dass in den Händen der Pontifices eine Zeitlang die Auslegung der Gesetze sich befand.
Kraft dieses und jenes Rechts hatten sie grossen Einfluss auf
die Jurisdiction; denn es hing von ihnen ab, einerseits diesen
oder einen anderen Tag gerichtlich oder nicht gerichtlich
(fastus oder nefastus) zu erklären, andererseits diesem oder
einem anderen Gesetze eine solche Auslegung zu geben, wie sie
ihnen gefällig war. Der Druck, welchen die Pontifices, im
Besitze des Rechts der Führung des Kalenders und der Erklärung der Gesetze auf bürgerliche Verhältnisse ausübten,
war um so lästiger, als diese Rechte keiner Controlle unterlagen. Niemand durfte in ihre Kalenderführung sich einmischen[2]), und nur den Pontifices allein waren die gesetzlichen
Gerichtsformeln bekannt, und nur im Archive ihres Collegiums
wurden die Gesetzauslegungen aufbewahrt[3]). Gerade gegen
diese im Geheimen gehaltene Weise der Gesetzauslegung und
gegen die willkürliche Führung des Kalenders war Canulejus
aufgetreten, als er sich beklagte, die Plebejer können weder
Kalender noch Gerichtsverfahren controlliren, deren Gesetzlichkeit oder Ungesetzlichkeit den Pontifices allein bekannt
war. Dass bei dem Ausdruck »ad commentarios pontificum«
Canulejus an den Rechtscodex (ius civile) und gerichtlichen
Prozess (legis actiones) dachte, das kann keinem Zweifel
unterliegen, und jede andere Erklärung dieser Stelle ist unmöglich. Canulejus sprach gegen jene Ordnung der Dinge,

---

1) Liv. IV, 3: Obsecro vos, si non ad fastos, non ad commentarios pontificum admittimur.

2) Liv. IV, 1; Cic. pr. Mur. 11.

3) Pomp. Dig. I, 2, 2 § 6; Liv. IX, 46; Cic. de Orat. 1, 41; Dion. X, 1; Val. Max. II, 5, 2.

welche zu zerstören nach 140 Jahren dem aedilischen Secretär Flavius gelang, der die Commentarien der Pontifices veröffentlichte und den Kalender auf dem Forum ausstellte[1]). Man hat aber früher diese Stelle anders verstanden; und selbst ein so einsichtiger Forscher, wie Wachsmuth, glaubte, dass man unter den Worten des Canulejus »non ad commentarios« die Priesterannalen zu verstehen habe[2]), abgesehen von Le Clerc, der zu den Priesterannalen Alles zu zählen bereit ist[3]). Dagegen spricht die ausdrückliche Behauptung des Cicero, dass die Annalen vom Anfang ihrer Existenz immer ein öffentliches Document waren[4]). Mit dem Zeugniss des Cicero wird man um so leichter übereinstimmen, als der Inhalt der Annalen, von dem wir an passender Stelle ausführlicher sprechen werden, und der in der Schilderung der wichtigsten politischen Ereignisse, der Wunder, der Mond- und Sonnen-Finsternisse und ähnlicher Seltenheiten bestand, nichts haben konnte, was die Patricier vor den Plebejern zu verbergen gehabt hätten. Ganz richtig weisen darauf Becker[5]) und Schwegler[6]) hin. Auf die Bedeutung, welche wir den Commentarien der Pontifices zuschreiben, weist ausserdem auch jene Stelle bei Cicero hin, wo er aus den Commentarien der Pontifices auf den merkwürdigen Verstand des Pontifex Coruncanius[7]) schliesst, der abgesehen von den kriegerischen Tugenden, welche er im Kriege mit Pyrrhus bewiesen, auch als ausgezeichneter Kenner

---

[1]) Liv. IX, 46: Civile jus, repositum in penetralibus pontificum, evulgavit, fastosque circa forum in albo proposuit, ut, quando lege agi posset, sciretur. Vergl. Cic. ad Att. VI, 1; pro Muren. 11; de Orat. I, 41; Val. Max. II, 5, 2: Jus civile per multa saecula inter sacra caerimoniasque deorum immortalium abditum solisque pontificibus notum Cn. Flavius libertino patre genitus et scriba cum ingenti nobilitatis indignatione factus aedilis curulis vulgavit, ac fastos paene toto foro exposuit.

[2]) Die ältere Geschichte des römischen Staates, p. 10.

[3]) Le Clerc, Des journaux chez les Romains, Paris 1828, p. 120.

[4]) De Orat. II, 15, 52: Ab initio rerum Romanarum usque ad Mucium, pontificem maximum, res omnes singulorum annorum mandabat literis pontifex maximus efferebatque in album, et proponebat tabulam domi, *potestas ut esset populo cognoscendi.*

[5]) Handbuch der römischen Alterthümer I, p. 11.

[6]) Röm. Gesch. I, p. 32.

[7]) Brut. 14, 55: Ti. Coruncanium (possumus suspicari disertum), quod *ex pontificum commentariis* longe plurimum ingenio valuisse videtur.

des Rechts und der Religionsangelegenheiten bekannt war und darum für einen sehr weisen Mann galt[1]). Es giebt auch bei Cicero eine andere bemerkenswerthe Stelle, wo er in den Religions- und Rechtssachen auf das Gutachten verweist, das vom Collegium der Pontifices dem Censor Cassius mitgetheilt und in den Commentarien der Pontifices abgeschrieben war[2]). Es ist auch die Stelle bei Plinius dem Aelteren beachtenswerth, wo er aus den Commentarien der Pontifices die Verordnung bezüglich der Tage anführt, in denen man nach den Hundeeingeweiden wahrsagen konnte[3]). Diese Verordnung musste augenscheinlich in einem solchen Denkmal vorhanden sein, in welchem auch verschiedene andere Verordnungen der Pontifices sich befanden. Da aber der Sinn dieser Verordnung ein streng religiöser ist und rein kirchliche, und nicht civile Verpflichtungen betrifft, so kann man nicht umhin, in Verlegenheit zu kommen, sie mit den eben angeführten Hinweisungen auf die Commentarien der Pontifices zusammen zu stellen. Alles, was wir von *libri pontificum* und *libri sacrorum* wissen, bezeugt, dass die Stelle des Plinius eher auf den Inhalt dieser Bücher, als auf den der Commentarien der Pontifices passt. Diese Stelle entspricht durchaus jener Bestimmung der heiligen Bücher, welche Livius den Büchern giebt, die von Numa Pompilius dem Pontifex Numa Marcius übergeben waren. In diesen Büchern wurde, wie wir wissen, davon gesprochen, an welchen Tagen und wie überhaupt religiöse Verrichtungen vollzogen werden sollten[4]). Das waren die *libri sacri* oder *libri sacrorum*, sonst auch *libri Pontificum* genannt. Andererseits aber ist es nicht unmöglich, dass eine solche Verordnung wirklich in den Commentarien der Pontifices sich vorfand, die auch die Pflicht hatten, die religiösen Verordnungen

---

[1]) Cic. de Nat. deor. I, 41, 115; III, 2, 5; pro dom. 54, 139; Cat. M. 9, 27; ibid. 6, 14; Lael. 5, 18; de Orat. III, 33, 134; 15, 56.

[2]) Cic. pro dom. 53, 136: Habetis in commentariis vestris: C. Cassium censorem de signo Concordiae dedicando ad pontificum collegium retulisse, eique M. Aemilium, pontificem maximum, pro collegio respondisse.

[3]) Plin. N. H. XVIII, 3, 14: Ita est enim in commentariis pontificum: Augurio canario agendo dies constituantur, priusquam frumenta vaginis exeant et antequam in vaginas perveniant.

[4]) Liv. I, 20.

in allen zweifelhaften Fällen zu erklären. Wenn diese Verordnung von den Pontifices selbst gemacht wurde, so musste sie natürlich in ihre Commentarien eingetragen werden. Aber ohne Bedenken beziehen wir die Hinweisung[1]) des |Cicero auf *libri pontificum*, als auf die des Civilrechts und des älteren Gerichtsverfahrens, gerade auf die Commentarien der Pontifices, deren juridischer Charakter, auf Grund der oben angeführten Stellen des Livius und Cicero, keinem Zweifel unterworfen sein kann. Ohne Zweifel gebraucht Cicero hier das Wort *libri* in eben dem unbestimmten Sinne, wie wir Schriften sagen, ohne die Gattung derselben zu beachten. Oben haben wir gesehen, dass die Pontificalbücher mit juridischem Inhalt von ihm *commentarii* genannt werden: so nennt er dieselben, als er von ihnen in Bezug auf zwei bestimmte Fälle spricht, was ihn auch bestimmte, sich genauer auszudrücken. Hier aber, wo er über die alten Quellen des römischen Rechts und die Denkmäler des älteren Gerichtsverfahrens überhaupt spricht, glaubte er in seinem Rechte zu sein, wenn er den allgemeinen Namen *libri* gebrauchte. Dass man diesen allgemeinen Namen Bücher ohne Unterschied gebraucht hat, kann man auch aus dem Umstand sehen, dass unter dem Titel der Bücher der Pontifices Cicero auch das Zeugniss dafür anführt, das Provocationsrecht habe schon unter den Königen existirt[2]). Schon im vorigen Kapitel haben wir bemerkt, dass man ein derartiges Zeugniss nicht auf die Bücher der Pontifices im strengen Sinne beziehen kann, und dass es entweder in den Commentarien der Pontifices, wo für eine solche Frage Raum sein konnte, oder noch wahrscheinlicher in den Annalen der Pontifices vorhanden sein musste, in welchen dieses oder ein anderes wichtiges Provocations-Factum

---

[1]) De Orat. I, 43, 193: Accedit vero, quo facilius percipi cognoscique ius civile possit (quod minime plerique arbitrantur), mira quaedam in cognoscendo suavitas et delectatio. Nam sive quem aliena studia delectant, plurima est et in omni iure civili et *in pontificum libris* et in XII tabulis antiquitatis effigies, quod et verborum prisca vetustas cognoscitur et *actionum genera quaedam* maiorum consuetudinem vitamque declarant; sive quis civilem scientiam contempletur etcet.
[2]) De Rep. II, 31: Provocationem autem a regibus fuisse declarant *pontificii libri*.

unter den Königen erzählt sein konnte. Wir nehmen es nicht
auf uns zu entscheiden, auf welche von den beiden Kategorien
der Pontificalbücher die letzte Hinweisung des Cicero auf die
Bücher der Pontifices zurückzuführen sei.

Die Frage, mit der wir jetzt uns beschäftigen, ist jedenfalls nicht leicht. Trotz aller Mühe finden wir keine
Möglichkeit, dieselbe auf genügende Weise zu erörtern. Es
ist eine schwere und undankbare Arbeit, auf Grund einiger
weniger Citate der alten Schriftsteller den Inhalt der ganzen
Gattung der Pontificalbücher, die unter dem Namen *Commentarii pontificum* bekannt sind, zu bestimmen, von den anderen
Gattungen der Bücher, welche denselben Pontifices gehören,
streng zu unterscheiden — und alles dies bei der grossen
Verworrenheit in den Benennungen dieser oder anderer Bücher bei den alten Schriftstellern, bei der Verwirrung und
Verschiedenheit der Ansichten über diesen Gegenstand unter
den neueren Gelehrten, endlich bei der vollständigen Unmög-
lichkeit seine Meinung mit unwiderleglichen Beweisen zu bestätigen. Persönlich sind wir von jener Meinung über die
Commentarien der Pontifices überzeugt, die wir auf Anlass
der Analyse der Stelle des Livius über die Rede des Canulejus und ausserdem auf Anlass der zwei Stellen des Cicero
ausgesprochen haben. Dass die Pontifices mit der Erklärung
der Gesetze sich beschäftigten und bei der Aufsicht über die
Formalität der gerichtlichen Processe besondere Bücher führten, das ist durch die Zeugnisse der alten Schriftsteller bestätigt. Dass diese Bücher nämlich *Commentarii pontificum*
und nicht anders benannt wurden, das bestätigen uns die, wenn
auch nicht vielen, doch positiven Stellen der alten Schriftsteller,
welche wir oben angeführt haben. In dieser Ansicht bestätigt
uns auch die ganz natürliche Vermuthung, dass die Pontificalbücher, welche andere Benennungen führten, auch einen
anderen Inhalt hatten. Dass z. B. die Annales pontificum
ganz verschieden von den anderen Büchern waren, das ist an
und für sich klar. Konnten andrerseits die Bücher, die mit
der Erklärung der Civilgesetze sich beschäftigten und die
Regeln des Gerichtsverfahrens enthielten, mit den gottesdienstlichen Büchern, wie die Indigitamenta, oder mit den Büchern,
welche die Glaubensdogmen, die Auslegungen der Ceremonien

des Gottesdienstes, die Lehre von den Verpflichtungen der Gottesdiener, wie libri sacri, libri caerimoniarum, libri de sacerdotibus enthielten, d. h. mit den Büchern des theologischkirchlichen Charakters identisch sein? Es ist augenscheinlich, dass der scharfe Unterschied im Inhalt keine Möglichkeit zulässt, eine Vermischnng dieser letzteren Bücher zu vermuthen, für welche, wie wir es oben bemerkt haben, die allgemeine Benennung *libri pontificum* war, mit jenen Büchern, die sich mit der Erklärung der bürgerlichen Gesetze beschäftigten und die Regeln des Gerichtverfahrens enthielten, und für die nur die Benennung *commentarii pontificum* übrig bleibt. Zwar kann man bei vielen Citaten der alten Schriftsteller bemerken, dass diese den Titel *commentarii pontificum* eben in demselben allgemeinen Sinne, wie auch den Titel *libri*[1]) brauchten, allein das kam lediglich von der geringen Bekanntschaft der Schriftsteller mit der geistlichen Literatur und von der Nachlässigkeit her, von welcher wir schon öfters Gelegenheit hatten uns zu überzeugen.

Auf diese Weise kommen wir zu dem Schlusse, dass unter dem Titel der Commentarien der Pontifices vorzugsweise die Bücher zu verstehen sind, welche in einer frühern Epoche des römischen Staats als Codex des Civilrechts dienten, der die Gesetze, ihre Erklärungen und die Regeln des Gerichtsverfahrens enthielt. Die Zeugnisse der alten Schriftsteller, welche einstimmig davon sprechen, dass im Laufe einiger Jahrhunderte (bis zur Hälfte des 5. Jahrhunderts Roms) die Kenntniss des Civilrechts und die Erklärung desselben ausschliesslich den Pontifices angehörte, haben uns veranlasst, nach solchen schriftlichen Denkmälern zu forschen, in welchen die juridische Kenntniss der Pontifices niedergelegt war, und wir haben gefunden, dass diese Denkmäler eben die *Commentarii pontificum* gewesen sind. Da aber das Civilrecht in den früheren Zeiten eng mit dem kirchlichen Rechte verbunden

---

[1]) Liv. VI, 1; Quint. VIII, 2, 12. Diese Stellen sind oben angeführt. Festus in ed. Müll. pp. 165, 286 und 360 verweist auf Commentarii sacrorum in solchen Fällen, wo die Rede von Thieropfern ist; folglich betrifft die Sache die gottesdienstlichen Gebräuche, und unserem vorigen Schlusse gemäss müssen diese Citate eher auf die *libri*, als auf die *commentarii* der Pontifices zurückgeführt werden.

war und dieses letztere noch mehr eine specielle Obliegenheit der Jurisdiction der Pontifices war, so folgt nothwendig, dass in den Commentarien der Pontifices auch eine Erklärung des kirchlichen Rechtes enthalten war; um so mehr, weil dasselbe sich in vielen Punkten mit dem Civilrechte berührte.

In solcher Gestalt und mit solchem Inhalt stellte sich Commentarien der Pontifices auch noch Niebuhr vor, der, stets gewohnt, ganz kühn auszusprechen, was ihm richtig erschien, wenn auch seine Meinung nur auf Combinationen, nicht auf faktischen Daten sich stützte, folgendes darüber sagt: »Eine andere Quelle der Nachrichten über die älteste römische Geschichte sind die commentarii pontificum. Sie waren eine Sammlung von Rechtsfällen aus dem alten Staats- und Cerimonialrecht zugleich mit den Entscheidungen der pontifices in den Fällen ihrer Jurisdiction, ähnlich den Entscheidungen der Juristen in den Pandekten. Diese Masse war die Grundlage, woraus diejenigen, die das Recht studierten, die allgemeinen Regeln abstrahirten. Die Sunnah, der mohammedanische Rechtscodex und der Talmud entsprechen ihnen ganz in der Form: niemals wird die Regel abstract aufgestellt, sondern nur Entscheidungen einzelner Fälle erzählt. Dasselbe finden wir im Pentateuch bei den Streitigkeiten über die weibliche Erbfolge. Für den Fall des iudicium perduellionis wird erzählt, wie Horatius seine Schwester erschlagen habe[1].« An einer andern Stelle geht Niebuhr noch weiter: »Die ganze frühere Verfassung scheint in den commentariis pontificum in Rechtsfällen erzählt gewesen zu sein, woraus sie Gracchanus gehabt; der Grund dieser Nachrichten ist äusserst glaubwürdig. Der Gang der Verfassung von der Stiftung der Republik an, lässt sich darin vollständig verfolgen; genauer als bis jetzt bedeutende Theile der Geschichte des Mittelalters[2].« In einer dritten Stelle drückt sich Niebuhr über die Commentarii pontificum so aus: »Sie waren, wie der Talmud der Juden, die Sunnah der Mohammedaner, allmählich entstandene Verzeichnisse von Entscheidungen, Anordnungen

---

[1] Vorträge über römische Geschichte von B. G. Niebuhr, herausgeg. von M. Isler. Berl. 1846, I, p. 10.
[2] Ibid. p. 15.

und Erklärungen; sie sind die Quelle vieler alter Ueberlieferungen, namentlich solcher, die das ius pontificium betreffen [1]).«

Es wurde schon oben bemerkt [2]), dass den Pontifices von den ältesten Zeiten her die Erklärung des Kirchenrechtes oblag, dass man auf diese Erklärungen auch in der folgenden Zeit zurückging, um festzustellen, ob eine Handlung mit der Religion übereinstimme oder nicht [3]), und dass diese Erklärungen und Entscheidungen im Laufe der Zeit zu einer grossen Masse anwuchsen [4]). Diese Erklärungen und Verordnungen, welche nach Erforderniss und Umständen nach und nach sich bildeten, fanden die Stätte ihrer Aufbewahrung in den Commentariis pontificum, welche überhaupt, ohne einen dogmatischen oder gottesdienstlichen Charakter zu besitzen, die ganze Gelehrsamkeit und die anordnende wie auch legislative Thätigkeit der Pontifices, der Ersten unter der Geistlichkeit, enthielten. Man kann sich denken, dass die ursprünglichen Commentarii dieses Collegiums hauptsächlich aus einer Sammlung der Verordnungen über das Kirchenrecht bestanden, welches früher als das Civilrecht sich entwickeln musste. Namentlich wird dies der Inhalt zur Zeit der Könige gewesen sein, als Civil- und Kirchen-Recht noch auf's Engste zusammenhingen. Viele juridischen Akte, wie confarreatio, arrogatio, sponsio ad aram maximam u. s. w. waren in früher Zeit ohne Zweifel von den Pontifices streng bestimmt; denn sie standen alle in Beziehung zur Religion und durften nicht ohne Zuziehung der Geistlichkeit vorgenommen werden. Ebenso unterlag Alles, was Erbfolge und Eherecht betraf, in den frühesten Zeiten den Bestimmungen der Pontifices, da hier die sacra privata eine Rolle spielten, deren Aufsicht von den Zeiten Numa's an in den Händen jenes Priestercollegiums lag [5]). Derartige Erklärungen und Bestimmungen konnten in der ältesten Zeit

---

[1]) Vorträge über römische Alterthümer von Niebuhr, herausg. von M. Isler. Berlin, 1858, p. 399.

[2]) Kapitel III, p. 48.

[3]) Macrob. Saturn. III, 3, 1: Inter decreta pontificum hoc maxime quaeritur, quid sacrum, quid sanctum, quid religiosum.

[4]) Liv. XXXIX, 16: Innumerabilia decreta pontificum.

[5]) Liv. I, 20.

des römischen Staates neben den Auslegungen über Fragen rein kirchlicher Natur in den Commentarien der Pontifices Eingang finden. Als aber nachher mit der Entwickelung des Staatslebens das Civilrecht in den Vordergrund trat, überwogen unter den in jene Commentare aufgenommenen Rechtsfällen jene, die einen rein civilrechtlichen Charakter an sich trugen, so dass die von uns angeführten Verweisungen alter Schriftsteller auf diese Bücher fast ausschliesslich civilrechtliche Fragen betreffen. Da uns weitere Anhaltspunkte zur detaillirten Erforschung der Frage über die Commentarii pontificum fehlen, so halten wir uns nicht für berechtigt, uns in unsicheren Combinationen zu ergehen.

Bei der allgemeinen Betrachtung der Thätigkeit der Pontifices haben wir bemerkt[1], dass unter Anderm auch die Führung des Kalenders (der fasti) ihrer Aufsicht anvertraut war. Diese Pflicht, welche ihnen zur Zeit der Republik, wie bekannt, einen enormen Einfluss auf das Leben des Volkes verschaffte, muss in jener weit entlegenen Zeit begonnen haben, von welcher überhaupt die Organisation der römischen Religion ihren Ursprung herleitete. Dies ergiebt sich klar aus dem Umstande, dass der älteste römische Kalender ausschliesslich eine religiöse Bedeutung hatte. Die römische Religion forderte von dem Volke die unverbrüchliche Beobachtung der für gewisse Tage von ihr vorgeschriebenen Ceremonien, und die Pontifices, denen die Aufsicht über die Bewahrung der Aechtheit der Religion anvertraut war, mussten streng darauf achten, dass die vorgeschriebenen Festtage gefeiert wurden und dass man sich an allen dazu bestimmten Tagen der weltlichen Arbeiten enthielt. Deshalb war die Führung des Kalenders hauptsächlich darauf gerichtet, zu wissen und anzugeben, welche Tage eines jeden Monats dies festi, profesti, intercisi, religiosi waren, an welchen die verschiedenen feriae stattfanden, an welchen Jahrmärkte abgehalten werden durften, d. h. welche dies nundinae waren, an welchen es gestattet war Prozesse zu führen (dies fasti) oder nicht zu führen (dies nefasti), an welchen die Comitien abgehalten werden durften (dies comitiales) u. s. w. Die Pontifices waren verpflichtet, für jeden

---

[1] Kapitel III, p. 49.

Monat ein Verzeichniss dieser Tage anzufertigen, nach welchem der zur Zeit der Republik sogenannte rex sacrorum oder rex sacrificulus an den Nonen dem Volke verkündete, welche Geschäfte an den einzelnen Tagen erlaubt seien oder nicht[1]). Wir haben gesagt, dass diese Bekanntmachung auf Grund eines von den Pontifices angefertigten Verzeichnisses geschah. Die Quellen sagen uns von einem solchen Verzeichnisse Nichts: aber dasselbe war so nothwendig und ohne diese Aufzeichnung war so schwer auszukommen, dass an ihrem Vorhandensein nach unserer Meinung nicht gezweifelt werden kann. Denn sonst wären stets Irrthümer von Seiten des Opferkönigs zu befürchten gewesen, was eine so strenge Religion, wie die römische, niemals zulassen durfte. Dass der Gebrauch, dem Volke an den Nonen die Fest- und überhaupt die heiligen Tage des ganzen Monats zu verkündigen, bis in die ältesten Zeiten des römischen Staates hinaufreicht, ersieht man daraus, dass dieses Amt in der Zeit der Republik dem Opferkönige oblag[2]), auf welchen, wie bekannt[3]), diejenigen gottesdienstlichen Verrichtungen übergegangen waren, die früher der eigentliche König vollzogen hatte. Dies allein wäre hinreichend, um zu folgern, dass die öffentliche Verkündigung der Qualität der Monatstage bereits in der Zeit der Könige bestand. Es kommt aber das Zeugniss Varro's hinzu, der, indem er von den Nonen spricht, bemerkt, dass an diesem Tage das Landvolk zum Könige zusammenströmte, um von ihm die Festtage des Monats zu erfahren[4]). Dass aber hier vom Staatskönige die Rede ist, geht klar hervor aus den weiteren Worten Varro's, wo er dieselbe Function des Opferkönigs als Reminiscenz an ehemalige Ge-

---

[1]) Varr. de L. L. VI, 28 (ed. Müll.): Ferias primas menstruas, quae futurae sint eo mense, rex edicit populo.

[2]) Macrob. Saturn. I, 15, 12: Ideo autem minor pontifex numerum dierum, qui ad Nonas superessent, calando prodebat, quod post novam lunam oportebat Nonarum die populares, qui in agris essent, confluere in urbem, accepturos causas feriarum a rege sacrorum sciturosque, quid esset eo mense faciendum.

[3]) Liv. II, 2; III, 29; Fest. ed. Müll. p. 318; Dionys. IV, 74.

[4]) De L. L. VI, 28: Eodem die (am Nonentage) in urbem ab agris *ad regem* conveniebat populus.

bräuche darstellt[1]). So erklärt diese Stelle auch Hüllmann in seiner Schrift über das Ius pontificium der Römer[2]). Dasselbe endlich bezeugt auch Macrobius, indem er von den Versammlungen des Landvolkes in Rom auch nach Vertreibung der Könige (exactis *etiam* regibus) spricht[3]). Mit einem Worte: die Sitte der republikanischen Zeit war nur ein Erbtheil der Periode der Könige und ging in ihren Anfängen auf jene Epoche zurück, als die gesammte Religion ihre wesentliche Organisation erhalten hatte.

Der römische Kirchenkalender beruhte auf dem astronomischen. Um zu bestimmen, auf welche Tage gewisse Feste fallen würden, an welchen Tagen der städtische Markt abgehalten (nundinae), an welchen Prozesse geführt (dies fasti), an welchen, in Uebereinstimmung mit der Religion, die Saat des Getreides, die Lese der Trauben, die Ernte des Korns vorgenommen, an welchen keine öffentlichen Geschäfte unternommen (dies religiosi), an welchen Morgens und Abends keine Arbeiten angeführt werden durften (dies intercisi) u. s. w., musste man für alles dieses eine Tafel der Tage haben mit bestimmter Bezeichnung der Bedeutung eines jeden für das ganze Jahr. Wir haben gesehen, dass in ältester Zeit der König selbst, in der Republik aber der rex sacrificulus, der jenen in religiöser Hinsicht ersetzte, die Verpflichtung hatte, an einem bestimmten Tage jeden Monats dem Volke zu verkündigen, was an den einzelnen Tagen des angefangenen Monats vorgenommen werden durfte, was nicht. Zu diesem Zwecke musste der pontifex minor am Anfange des Monats die Beobachtung machen, wann der Neumond erscheinen werde, um hiernach den ersten Tag des Monats zu bestimmen[4]). Sobald er den Aufgang des Neumonds bemerkt

---

[1]) Ibid. Harum rerum vestigia in sacris Nonalibus in arce, quod tunc ferias primas menstruas, quae futurae sint eo mense, rex edicit populo.

[2]) Jus Pontificium der Römer. Bonn, 1837, p. 157.

[3]) Macrob. Saturn. I, 13, 18: Populus Romanus *exactis etiam regibus* diem hunc Nonarum maxime celebrabat ... Veritos ergo qui diebus praeerant, ne quid nundinis collecta universitas ob desiderium regis novaret, cavisse, ut Nonae a nundinis segregarentur.

[4]) Macrob. Saturn. I, 15, 9: Pontifici minori haec provincia delegebatur, ut novae lunae primum observaret aspectum visamque regi sacri-

hatte, musste er dem Könige (in der Zeit der Republik dem Opferkönige) davon Anzeige machen[1]), und nachdem er mit diesem zusammen das Opfer dargebracht, berief er das Volk auf das Capitol[2]). Von diesem Berufen (calare) des Volkes hat der erste Tag des Monats den Namen der Kalendae erhalten[3]), und dieses letztere Wort hat dem in alle europäischen Sprachen aufgenommenen Worte »Kalender« die Entstehung gegeben. Der Pontifex maximus verkündete nun dem Volke, wie viele Tage zwischen dem Aufgang (Kalenden) und dem ersten Viertel des Mondes (Nonen) lagen, d. h. ob die Nonen auf den 5. oder 7. Tag nach den Kalenden fallen würden[4]). Varro hat uns auch die Formel bewahrt, unter welcher der Pontifex diese Verkündigung dem Volke mittheilte: Dies te quinque calo Juno Covella (wenn die Nonen auf den 5. Tag fielen); Septem dies te calo Juno Covella (wenn die Nonen auf den 7. Tag fielen)[5]). An Juno wendete sich der Pontifex deshalb, weil ihr die ersten Tage jedes Monats geheiligt waren[6]). Die Zahl der Tage nach den Nonen bestimmte sich nach der grösseren oder geringeren Breite der

---

ficulo nuntiaret. Ibid. 5: Romulus initium cuiusque mensis ex illo sumebat die, quo novam lunam contigisset videri. Ibid. 20: Cum enim initia mensium majores nostri ab exortu lunae servaverint, iure Iunoni addixerunt Kalendas.

1) Macrob. Sat. I, 15, 9.

2) Macrob. ibid. 10: Itaque sacrificio a rege et minore pontifice celebrato idem pontifex calata, id est vocata, in capitolium plebe iuxta curiam Calabram, quae casae Romuli proxima est . . .

3) Varr. de L. L. VI, 27: Primi dies mensium nominati Calendae ab eo, quod his diebus calantur eius mensis Nonae, quintanae an septimanae sint futurae. Macrob. Sat. I, 15, 11: Verbum autem καλῶ Graecum est, id est *voco*: et hunc diem, qui ex his diebus, qui calarentur, primus esset, placuit Kalendas vocari.

4) Macrob. ibid. 10: Quod numero dies a Kalendis ad Nonas superessent pronuntiabat. Varr. de L. L. VI, 27: Quintanae an septimanae sint futurae (Nonae).

5) Varr. ibidem.

6) Macrob. I, 15, 18: Ut autem Idus omnes Jovi, ita omnes Kalendas Junoni tributas et Varronis et pontificalis adfirmat auctoritas. Ibid. 20: Cum enim initia mensium maiores nostri ab exortu lunae servaverint, iure Junoni addixerunt Kalendas, lunam ac Junonem eandem putantes. Ovid. Fast. I, 55: Vendicat Ausonias Junonis cura Kalendas.

Mondsichel bei ihrem ersten Erscheinen. Daher kam es, dass in einigen Monaten (um sie nach unserm Kalender zu bezeichnen: Januar, Februar, April, Juni, August, September, November, December) die Nonen auf den 5., in andern (März, Mai, Juli, October) auf den 7. Tag fielen[1]). An den Nonen nun, wie gesagt, verkündete der König, in den Zeiten der Republik aber der Opferkönig, dem Volke, welche Festtage im Laufe des Monats folgen sollten. Die Bestimmung des dritten Haupttages im Monat, der Iden, war schon einfach, weil es seit Menschengedenken durch die Beobachtung constatirt worden war, dass die Iden, die den Vollmond bezeichneten, auf den 9. Tag nach den Nonen zu fallen pflegten, d. h. auf den 13. oder 15. Tag des Monats, je nachdem die Nonen auf den 5. oder 7. fielen[2]). Die Zählung der folgenden Monatstage war ebenfalls seit den ältesten Zeiten streng bestimmt, indem man von den Iden bis zu den Kalenden 16 Tage zählte[3]).

Aus dem Gesagten erhellt, dass der römische Kalender, indem er ganz und gar den Zwecken der Religion untergeordnet war, die genaue Vertheilung der Monatstage zum Zwecke hatte und dies durch Beobachtung der Mondphasen erreichte. So war die Anordnung, wie Macrobius[4]) sagt, seit der Zeit des Romulus, obgleich wir allen Grund haben zu glauben, dass die Beobachtung der Mondphasen als Grundlage bei der Vertheilung der Monatstage schon lange vor Rom's Gründung in den ältesten Städten Latiums diente, wo die religiösen Bedürfnisse auch ähnliche astronomische Beobachtungen hervorrufen mussten. Ob in diesen entlegensten Zeiten bei der Führung des Kalenders die Schrift zur Anwendung gekommen sei oder besondere Zeichen, oder auch vielleicht

---

[1]) Macrob. I, 15, 7: Hinc aliis (mensibus) quintus a Kalendis dies, aliis septimus Nonas facit.

[2]) Macrob. ibid. Omnibus tamen mensibus ex die Nonarum Idus nono die repraesentare placuit.

[3]) Macrob. ibid. Inter Idus ac sequentes Kalendas constitum est sedecim dies esse numerandos.

[4]) Macrob. ibid. 5: Romulus, cum ingenio acri quidem sed agresti statum proprii ordinaret imperii, initium cuisque mensis ex illo sumebat die, quo novam lunam contigisset videri.

keines von beiden, das wissen wir nicht. Dabei können wir die Möglichkeit der monatlichen Zeitrechnung auch ohne Anwendung von Schriftzeichen zugeben. Aber die Beobachtung der Mondphasen konnte selbst in der ältesten Zeit Latiums nicht als der einzige Ausgangspunkt für die Zeitrechnung betrachtet werden, und überhaupt ist nicht bekannt, dass irgend ein Volk den Monat als grösste Einheit bei der Zeitrechnung zu Grunde gelegt hätte. Die stets zutreffende Wiederholung der Erscheinungen, welche durch die Bewegung der Erde um die Sonne, oder, nach Ansicht der Alten, der Sonne um die Erde entstehen, veranlasste, dass zugleich mit den Bewegungen des Mondes auch die sichtbaren Bewegungen der Sonne beobachtet wurden, die durch ihre Umdrehung um die Erde (nach damaliger Vorstellung) das Jahr bewirkte. So entstand seit den ältesten Zeiten, wie bei andern Völkern, so auch bei den Griechen und Römern durch die Beobachtung der Mondphasen einerseits und der Sonnenbewegung andererseits das Mondsonnenjahr.

Es giebt Zeugnisse, welche dafür zu sprechen scheinen, dass das älteste römische Jahr aus 10 Monaten bestanden habe. Als Gewährsmänner dieser Behauptung führt Censorinus[1] die gewichtigen Namen des Junius Gracchanus, Fulvius Nobilior und Varro an, fügt auch den in diesem Falle allerdings nicht bedeutenden Namen des Suetonius hinzu, welche der Ansicht waren, die Römer hätten dieses 10 monatliche Jahr von den Albanern überkommen (Albanis, unde orti Romani). Mit Censorinus stimmen vollständig überein Solinus[2] und Macrobius[3], welchem Letzteren Ovidius folgt, indem er die Einführung eines solchen Jahres dem Romulus

---

[1] De die nat. 20, 2 (ed. Jahn): Sed magis Junio Gracchano et Fulvio et Varroni et Suetonio aliisque credendum, qui decem mensum putaverunt fuisse, ut tunc Albanis, unde orbi Romani. Cf. ibid. 22, 9.

[2] Solin. I, 35 (ed. Mommsen): Romani initio annum decem mensibus computaverunt a Martio auspicantes.

[3] Macrob. Sat. I, 12, 3: Non igitur mirum in hac varietate Romanos quoque olim auctore Romulo annum suum decem habuisse mensibus ordinatum, qui annus incipiebat a Martio et conficiebatur diebus trecentis quatuor.

zuschreibt[1]), endlich Gellius[2]) und Servius[3]). — Andere Schriftsteller, wie die Annalisten Licinius Macer und Fenestella, glauben dagegen, dass das 12 monatliche Jahr in Rom das ursprüngliche sei[4]). Das 10 monatliche Jahr bestand nach den Worten des Censorinus[5]) aus 304 Tagen. Die Frage nach der Anzahl der Monate in dem ältesten römischen Kalender zu entscheiden, ist schwer. In jedem Falle konnte ein Jahr, welches dem astronomischen, d. h. Sonnenjahr, nicht entsprach und daher in kurzer Zeit die natürliche Lage der Sommer- und Wintermonate verändern musste, auf die Dauer nicht ohne öftere und radikale Verbesserungen bestehen. Aber die lang erhaltene und weit in die Zeit der Republik reichende Zählung der Monate vom März und nicht vom Januar an (für sie spricht der Name des December, des zehnten in der Reihe der Monate), die öfteren Friedensschlüsse auf 10 Monate, ferner der 10 monatliche Credit bei Geschäften, die 10 monatliche Trauer der Wittwen nach dem Tode des Mannes — diese und ähnliche Einrichtungen und Gebräuche[6]), die in Rom sich sehr lange erhalten haben, sprechen für die Existenz eines 10 monatlichen Jahres in der ältesten Zeit[7]). Ein näheres Eingehen auf diese Untersuchung liegt ausserhalb unserer Aufgabe; und wir haben bei der Nachforschung über die Spuren der ältesten römischen Schriftdenkmäler desto mehr das Recht nicht länger bei dieser Frage zu verweilen, weil bereits zur Zeit der Könige der organisirte Kalender aus 12 Monaten in Gebrauch war, dessen Einrichtung dem Numa zugeschrieben wird.

---

[1]) Ovid. Fast. I, 27; III, 100 u. 119.
[2]) Noct. Att. III, 16.
[3]) Ad Virg. Georg. I, 43.
[4]) Cens. de die nat. 20, 2: Annum vertentem Romae Licinius quidem Macer et postea Fenestella statim ab initio duodecim mensum fuisse scripserunt.
[5]) Cens. de die nat. 20, 3: Hi decem menses dies CCCIIII habebant. Cf. Macrob. Sat. I, 12, 3.
[6]) Mommsen, Römische Chronologie bis auf Caesar. Berl. 1858, p. 47.
[7]) Die Bedeutung dieses 10 monatlichen Jahres erklärt richtig, wie uns scheint, Huschke in seiner unlängst erschienenen Schrift: »Das alte römische Jahr und seine Tage,« Breslau, 1869, p. 8 ff.

Capitel IV. Die Commentarien der Pontifices

Aus den Zeugnissen der alten Schriftsteller ist ersichtlich, dass der römische Kalender, welcher officiell zur Zeit der Könige angenommen wurde, und welcher mit einigen Veränderungen bis zur Reform Caesar's bestand, nicht von vornherein eine feste Gestalt hatte. Macrobius sagt, dass der von Numa gegründete Kalender ursprünglich 354 Tage enthielt und aus 12 Monaten bestand[1]). Augenscheinlich war es ein Mondsonnenjahr, welches den 12 Umdrehungen des Mondes um die Erde entsprach[2]). An Ausdehnung stimmte es mit dem ältesten griechischen Jahre überein, welches aus 6 Monaten zu 30 und aus 6 zu 29 Tagen bestand[3]). Nach dem Zeugnisse des Censorinus[4]) rechneten aber die Römer, weil sie die graden Zahlen als ungünstige nicht liebten, nicht 354, sondern 355 Tage auf das Jahr. Auch Macrobius bemerkt[5]), dass Numa ursprünglich zwar ein Jahr von 354 Tagen angenommen, bald nachher aber dasselbe auf 355 erhöht habe, so dass nun alle Monate aus ungraden Zahlen bestanden (4 aus 31 und 7 aus 29 Tagen), ausser dem einen Februar, welcher 28 Tage zählte und deshalb, wie Censorinus[6]) bemerkt, als unglücklicher Monat angesehen wurde. Da aber das aus 355 Tagen bestehende Jahr dem wirklichen Sonnenjahre nicht entsprach, da letzteres bekanntlich aus 365 Tagen 5 Stunden 48' 48" besteht, so führten die Römer, indem sie glaubten, dass die Differenz zwischen dem Jahre von 355 Tagen

---

[1]) Macrob. Sat. I, 13, 1: Numa ... quinquaginta dies addidit, ut in trecentos quinquaginta quattuor dies, quibus duodecim lunae cursus confici credidit, annus extenderetur.

[2]) Cens. de die nat. 20, 4: Luna XII suis mensibus CCCLIIII dies videbatur explere. Macrob. I, 13, 1.

[3]) Macrob. ibidem. Cf. Mommsen, Römische Chronologie, p. 12.

[4]) Cens. 20, 4: Postea, sive a Numa, ut ait Fulvius, sive, ut Junius, a Tarquinio XII facti sunt menses et dies CCCLV, quamvis luna XII suis mensibus CCCLIIII dies videbatur explere; sed ut unus dies abundaret, aut per imprudentiam accidit, aut, quod magis credo, ea superstitione, qua impar numerus plenus et magis faustus videbatur.

[5]) Sat. I, 13, 5: Paulo post Numa in honorem imparis numeri .. unum adiecit diem, quem Januario dedit, ut tam in anno quam in mensibus singulis praeter unum Februarium impar numerus servaretur.

[6]) Cens. 20, 5: Atque ita omnes menses pleni et impari dierum numero esse coeperunt, excepto Februario, qui solus cavus et ab hoc ceteris infaustior est habitus.

und dem Sonnenjahre 11¼ Tage betrüge, einen Schaltmonat ein, indem sie nach jedem zweiten Jahre abwechselnd 22 und 23 Tage hinzufügten[1]). So ging es, sagt Censorinus, sehr lange fort, bis man bemerkte, dass das bürgerliche Jahr um ein Weniges grösser sei als das Sonnenjahr. Die Verbesserung dieser Ungenauigkeit, fährt er fort, wurde den Pontifices anvertraut[2]).

Wir wollen die Geschichte des römischen Kalenders nicht weiter verfolgen — sie gehört nicht in den Plan unserer Untersuchung. Für uns war es nur nöthig zu zeigen, wie der römische Kalender zusammengestellt wurde, auf welchen astronomischen Beobachtungen er beruhte, wie er der Religion diente und wie er in der ältesten Zeit verbessert wurde. Der ganze Verlauf dieser Sache scheint uns nämlich ein solcher zu sein, dass er unvermeidlich die Anwendung der Schrift forderte. Denn es ist unmöglich anzunehmen, dass in einem organisirten Staate mit einer streng organisirten Religion die Vertheilung der Feste und anderer durch die Religion geheiligten Tage für das ganze Jahr einzig dem Gedächtnisse allein anvertraut gewesen sei und dass man sich zu diesem Zwecke nicht der Schrift bedient habe, besonders seitdem in den römischen Cultus, zumal zur Zeit der Tarquinier, für welche Periode die Anwendung der Schrift von Niemand in Zweifel gezogen wird, stets neue Gottheiten Aufnahme fanden, welche auch eine genau bestimmte Stelle im Kirchenkalender für sich in Anspruch nahmen. Es ist endlich nicht möglich zuzugeben, dass die astronomischen Berechnungen, welche die Regelung des Kalenders und die nach dem Zeugnisse des Junius Gracchanus[3]) zuerst von Servius Tullius eingeführten Schalt-

---

[1]) Censor. 20, 6: Cum intercalarium mensem viginti duum vel viginti trium dierum alternis annis addi placuisset, ut civilis annus ad naturalem exaequaretur, in mense potissimum Februario inter terminalia et regifugium intercalatum est.

[2]) Ibid. Idque diu factum, priusquam sentiretur annos civiles aliquanto naturalibus esse maiores. Quod delictum ut corrigeretur, pontificibus datum negotium eorumque arbitrio intercalandi ratio permissa.

[3]) Macrob. Sat. I, 13, 20. Vgl. M. Hertz, De Luciis Cinciis, adjecta est de M. Junio Gracchano disputatio. Berol. 1842, p. 100; Bröcker, Untersuchungen über die Glaubwürdigkeit der altrömischen Verfassungsgeschichte. Hamb. 1858, p. 157.

monate begleiteten, ohne Anwendung der Schrift vorgenommen worden seien. Dieselbe war in einer so wichtigen Sache wie Führung des Kalenders um so mehr natürlich, als sie hier nicht in einer solchen Ausdehnung erforderlich war, wie bei Anfertigung anderer Documente der Pontifices, namentlich der **Bücher**, **Commentarien** und **Annalen**, auf welche wir nunmehr unsere Betrachtung lenken wollen.

Capitel V.

Die Annalen der Pontifices.

Wir wenden uns nunmehr zu einem der wichtigsten Denkmäler der ältesten römischen Literatur, dessen Entstehung die römischen Autoren auf die allerersten Anfänge des römischen Staates zurückführen und dessen Geschichte bis zu den letzten Zeiten der Republik hinuntergeht. Wir sprechen von den Annalen der Pontifices, welche noch mehr unter der späteren Benennung *Annales Maximi* bekannt sind. Zuweilen gebrauchen die Schriftsteller dafür auch andere Namen, wie *publici Annales*[1]), *prisci* oder *veteres Annales*[2]) oder einfach *Annales*[3]). Ueber den Ursprung und die Weise der Zusammenstellung dieser Annalen lautet die klassische Stelle bei Cicero[4]) folgendermassen: »Vom Anfange des römischen Staates bis auf das Pontificat des P. Mucius zeichnete der Pontifex Maximus alle Ereignisse jedes einzelnen Jahres auf, übertrug sie auf eine weisse Tafel und stellte diese in seinem Hause auf, damit das Volk Gelegenheit hätte Kenntniss davon zu nehmen; auch heute noch heissen diese Annalen die grössten.« In diesen Worten giebt Cicero an: 1) die Zeit der Entstehung der Annalen; 2) die Art ihrer Abfassung; 3) deutet er auf die Zeit, wann die Führung dieser Annalen aufhörte.

Das Wichtigste in diesem Zeugnisse des Cicero ist für uns die Angabe, dass die Anfänge der priesterlichen Annalen

---

1) Diomed. ed. Putsch. p. 480.
2) Liv. IV, 7; IV, 20.
3) Varro de L. L. V, 74, ed. Müll.
4) Cic. de Orat. II, 12, 52.

auf die erste Zeit des römischen Staates zurückgehen, dass dieselben, wie Cicero sich ausdrückt, ab initio rerum Romanarum geführt waren. Wie seltsam auch diese Behauptung Cicero's erscheinen mag, so steht sie doch nicht allein, sondern findet in andern Zeugnissen ihre Unterstützung. Ein Schriftsteller des 4. Jahrhunderts unserer Zeitrechnung, Flavius Vopiscus, sagt in der Biographie des Kaisers Tacitus, dass in den priesterlichen Annalen das nach dem Tode des Romulus eingetretene Interregnum aufgezeichnet gewesen sei[1]). Aus den Worten dieses Schriftstellers folgt, dass in die Annalen, die nach dem Zeugnisse Cicero's aus dem Verzeichnisse der gleichzeitigen Ereignisse bestanden, auch das Factum des nach dem Tode des Romulus eingetretenen Interregnum als gleichzeitiges eingetragen war. Varro führt das noch frühere Zeugniss der Priester-Annalen über die Einsegnung der Altäre verschiedener Götter durch König Tatius an[2]). Nach den Worten des Dionysius von Halicarnass war in den Priester-Annalen selbst von der Gründung Rom's die Rede[3]). Alle diese Zeugen (was in der an Erfindungen reichen Schrift »De origine gentis Romanae« zu Gunsten des hohen

---

[1]) Fl. Vop. Vit. Tac. 1: Quod post excessum Romuli, novello adhuc Romanae urbis imperio, factum, pontifices, penes quos scribendae historiae potestas fuit, in litteras retulerunt, ut interregnum, dum post bonum principem bonus alius quaeritur, iniretur.

[2]) Varro de L. L. V, 74: Et arae Sabinum linguam olent, quae Tati regis voto sunt Romae dedicatae; nam, ut Annales dicunt, vovit Opi, Florae, Vedio etc. Durchaus willkürlich meinen einige Gelehrte, wie z. B. Schwegler (Röm. Gesch. I, p. 11) und Hullemann (Disputatio critica de Annalibus Maximis, Amstel. 1855, p. 23), dass Varro hier nicht die Annales Maximi, sondern die Annalisten im Auge habe.

[3]) A. R. I, 74 (ed. Kiessling): Οὐ γὰρ ἠξίουν ὡς Πολύβιος ὁ Μεγαλοπολίτης τοσοῦτον μόνον εἰπεῖν, ὅτι κατὰ τὸ δεύτερον ἔτος τῆς ἑβδόμης ὀλυμπιάδος τὴν Ῥώμην ἐκτίσθαι πείθομαι, οὐδ' ἐπὶ τοῦ παρὰ τοῖς ἀρχιερεῦσι κειμένου πίνακος ἑνὸς, καὶ μόνου τὴν πίστιν ἀβασάνιστον καταλιπεῖν. Schwegler (R. G. I, 8), nach dessen Meinung weder Livius noch Dionysius die Annalen der Pontifices benutzten, will hier die schon von Niebuhr angenommene Lesung ἀρχιερεῦσι nicht zulassen, sondern ist geneigt, mit Syllburg und Reiske zu lesen Ἀγχισεῦσι von der Stadt Ἀγχίση, welche doch in Italien Niemand kennt. Wenn man nicht die mythologische Stadt dieses Namens damit meint, deren Dionysius I, 73 erwähnt, so können wir entschieden nicht begreifen, wie zur Verbesserung

Alters der Annales pontificum vorgebracht ist, wollen wir nicht hinzufügen) weisen unwiderleglich darauf hin, dass die Annalen der Pontifices mit dem Berichte über die Gründung Rom's anfingen; doch giebt uns dies noch nicht das Recht anzunehmen, dass diese Annalen bereits zur Zeit des Romulus geführt worden seien. Dagegen spricht schon der Umstand, dass die Einsetzung des Collegiums der Pontifices, penes quos scribendae historiae potestas fuit, nicht dem Romulus, sondern dem Numa zugeschrieben wird[1]). Es liegt zu Tage, dass Cicero, indem er sagt, dass die Annalen ihren Ursprung von dem Anfange des römischen Staates herleiteten, damit nicht die Entstehung derselben in das erste Jahr Rom's verlegt wissen, sondern mit diesen Worten nur das hohe Alterthum ihrer Entstehung bezeichnen wollte, ohne genau den Moment derselben anzugeben. Sonst würde diese seine Versicherung in Widerspruch stehen mit seinem eigenen Zeugnisse, dass das Institut der Pontifices, welche nach seiner Meinung die Annalen ab initio rerum Romanarum führten, von Numa eingerichtet worden war[2]), und nicht früher.

Welcher Zeit also werden die Anfänge der Annalen angehört haben?

Bestimmte Facta zur Lösung dieser Frage giebt es nicht. Das Zeugniss Cicero's deutet zwar auf das entfernteste Alterthum, aber nicht mit Bestimmtheit. Andererseits wird die Frage auch nicht durch die Angabe des Servius entschieden, nach dessen Worten man die Entstehung der Annalen erst der republikanischen Zeit zuzuschreiben versucht sein könnte, da er bei seiner Mittheilung über ihre Zusammenstellung ausschliesslich diese Periode im Auge hat. Bei der Erklärung der Stelle des Virgil, wo Aeneas von seinen *annales laborum*

---

des Textes nach Schwegler's Meinung die von Dionysius (I, 51) erwähnte Seestadt Ἀγχίσος in Epirus oder bei Procopius (B. G. IV, 22) die nicht weit von Nicopolis gelegene Stadt Anchisus dienen kann.

[1]) Liv. I, 20; IV, 4; Cic. de Rep. II, 14, 26; de Orat. III, 19, 73; Plut. Num. 9; Dion. A. R. II, 73; Flor. I, 2, 2; Lact. I, 24, 4; Suidas Νουμᾶς und Ποντίφιξ.

[2]) De Orat. III, 19, 73: Pontifices veteres .. a Numa .. instituti; de Rep. II, 14, 26: Idemque Pompilius ... et sacris e principum numero pontifices quinque praefecit.

spricht, macht nämlich Servius folgende Bemerkung: »Die Art der Abfassung der Annalen war diese: In den Händen des Pontifex Maximus befand sich für jedes Jahr eine Tafel, auf welche er, nachdem vorher die Namen der Consuln und aller übrigen Magistrate vermerkt waren, gewöhnlich die denkwürdigen Ereignisse verzeichnete, welche in Kriegs- und Friedenszeit, zu Lande und zu Wasser erlebt worden waren; diese mit solcher Sorgfalt angefertigten Verzeichnisse (commentarii) haben die Alten in 80 Bücher zusammengebracht und haben sie nach ihrer Entstehung durch den Pontifex Maximus »die grössten Annalen« genannt[1].« Wie der Leser sieht, hat Servius hier für die Zusammenfassung der Annalen erst jene Zeit im Auge, als die Jahre durch die Namen der Consuln bezeichnet wurden, d. h. die Zeit der Republik, ohne etwas davon zu erwähnen, wie die Annalen zur Zeit der Könige geführt wurden. Es scheint also, als ob er damit indirect die Existenz der Annalen in dieser Periode in Abrede stellen wollte. Doch haben wir einige Zeugnisse anderer Schriftsteller, welche jeden Zweifel daran zu beseitigen scheinen, dass in den Annalen, in welche so sorgfältig alle gleichzeitigen Ereignisse eingetragen wurden, auch die Ereignisse aus der Zeit der Könige ihren Platz gefunden hatten. Ausser den schon angeführten Stellen des Fl. Vopiscus, Varro und Dionysius von Halicarnass, welche der der Einrichtung des Collegiums der Pontifices vorangehenden Zeit angehören und also in diesem Falle keine Bedeutung haben, ist vor allen Dingen hier in Betracht zu ziehen die Hinweisung des Dionysius auf »jährliche Verzeichnisse« aus der Zeit der Servius Tullius, aus welchen er die Nachricht hatte, dass Aruns, der Enkel des älteren Tarquinius, im 40. Jahre der Regierung des Serv. Tullius starb[2]. Dass diese »jährlichen Verzeichnisse« nichts anderes sind als die Annales Pontificum oder Maximi, ist um so eher anzunehmen, weil die Art der Abfassung der letzteren, wie sie bei Cicero und Servius angegeben wird, durchaus dem Be-

---

[1] Ad Virg. Aen. I, 373.
[2] Dion. IV, 30: Ἐν γὰρ ταῖς ἐνιαυσίοις ἀναγραφαῖς κατὰ τὸν τεσσαρακοστὸν ἐνιαυτὸν τῆς Τυλλίου ἀρχῆς τὸν Ἀρροῦντα τετελευτηκότα παρειλήφαμεν.

griffe von jährlichen Verzeichnissen entspricht. Auf gleiche Weise verbinden wir hiermit die Hinweisung Cicero's auf *annales publici* aus der Zeit Numa's, aus welchen er nicht ersehen konnte, ob Numa ein Schüler des Pythagoras gewesen oder nicht[1]). Dass *publici annales* gleichbedeutend ist mit *Annales Maximi* oder *Pontificum*, ergiebt die Definition der *annales publici* bei Diomedes[2]). Dionysius von Halicarnass beruft sich bei der Erzählung der wunderbaren Geburt des Servius Tullius auf ἐπιχώριοι ἀναγραφαί, aus welchen dieselbe in die Schriften vieler römischen Geschichtschreiber übergegangen sei[3]). Der Ausdruck ἐπιχώριοι ἀναγραφαί bezeichnet ganz allgemein inländische Aufzeichnungen, und obwohl mit Grund angenommen werden kann, dass diese Bezeichnung von Dionysius statt der in Rom gebräuchlicheren Annales Maximi gesetzt sei, wovon Le Clerc[4]) sogar durchaus überzeugt ist, der mit grosser Freigebigkeit den Annalen vieles zuweist, was ihnen nicht gehört, so können wir doch dieses Zeugniss auf gleiche Linie mit den beiden oben angeführten nicht stellen. Ferner, es ist sehr möglich, dass die Erzählung Cicero's von dem Augur Attus Navius (unter der Regierung Tarquinius des Aelteren), wobei einfach auf die Annales Bezug genommen wird, ebenfalls in den Priester-Annalen ihren Ursprung hat[5]). Ebenso hindert nichts anzunehmen, dass Florus, wenn er als Quelle der Erzählungen jener heroischen Thaten, wie sie im Kriege mit Porsena gleich nach Vertreibung der Könige von Horatius Cocles, Mucius Scavola und der Jungfrau

---

[1]) De Rep. II, 15, 28: Neque vero satis id annalium publicorum auctoritate declaratum videmus.

[2]) Ar. Gram. III, p. 484 (ed. Keil): Annales inscribuntur, quod singulorum fere annorum actus contineant, sicut publici annales, quos pontifices scribaeque conficiunt.

[3]) Dion. IV, 2: Φέρεται δέ τις ἐν ταῖς ἐπιχωρίοις ἀναγραφαῖς ἕτερος ὑπὲρ τῆς γενέσεως αὐτοῦ λόγος.. ὃν ἐν πολλαῖς Ῥωμαϊκαῖς ἱστορίαις εὕρομεν.

[4]) Des journaux chez les Romains, Paris, 1838, p. 348.

[5]) Cic. de Div. I, 17, 32 seq. Indem Cicero die Echtheit der Erzählung behauptet, dass der Augur Attus Navius mit dem Scheermesser den Wetzstein zerschnitten habe, wendet er sich mit Ironie zu denjenigen, welche dies nicht annehmen, indem er ausruft: negemus omnia, comburamus Annales, ficta haec esse dicamus!

Cloelia[1]) ausgeführt wurden, die Annales anführt, mit diesem Namen die Priester-Annalen bezeichnet. Endlich bemerkt Dionysius von Halicarnass im Eingange seiner römischen Geschichte, dass die Römer keine alten Geschichtschreiber hätten, dass aber diejenigen, welche über die älteren Perioden in späterer Zeit geschrieben, ihre Kenntnisse aus den in heiligen Tafeln aufbewahrten Erzählungen geschöpft hätten[2]). Es ist auffallend, dass einige Gelehrte, wie z. B. Becker[3]) und Schwegler[4]), Zweifel darüber hegen, ob Dionysius unter ἱεραὶ δέλτοι die Annales Maximi verstehe, nämlich die *tabulae dealbatae*, auf welchen nach dem Zeugnisse der Alten[5]) die Priester-Annalen geschrieben wurden. Der Sinn der ganzen Stelle bei Dionysius erlaubt durchaus nicht die Vorstellung, dass hier von anderen Schriftdenkmälern die Rede sei. Die angeführten Stellen beweisen, dass wenigstens in späterer Zeit dem Publikum Annalen bekannt waren, welche die Periode der Königsherrschaft ebenso wie die der Republik umfassten. Verbinden wir mit dieser Thatsache die Angabe Cicero's, so kommen wir unwillkürlich zu dem Schlusse, dass die zu seiner Zeit im Publikum bekannten Priester-Annalen ihre Berichte wirklich von den Uranfängen des römischen Staates an begannen: die Zeugnisse der alten Autoren lassen uns keinen Zweifel hierüber. Dies waren gewiss jene Annalen, die nach den Worten des Servius[6]) eine Sammlung von 80 Büchern ausmachten. Aber die Hauptfrage ist, ob die Annalen der Könige und der ersten Zeit der Republik, die sich in dieser Sammlung befanden, echt waren. Diese Frage erscheint für eine Besprechung um so wichtiger, weil

---

[1]) Flor. I, 10: Tunc illa prodigia atque miracula, Horatius, Mucius, Cloelia: quae nisi in *Annalibus* forent, hodie fabulae viderentur.

[2]) Dion. I, 73: Παλαιὸς μὲν οὖν οὔτε συγγραφεὺς οὔτε λογογράφος ἐστὶ Ῥωμαίων οὐδὲ εἷς. ἐκ παλαιῶν μέντοι λόγων ἐν ἱεραῖς δέλτοις σωζομένων ἕκαστός τι παραλαβὼν ἀνέγραψεν.

[3]) Handbuch der röm. Alterthümer I, p. 5, Anm. 1.

[4]) Röm. Geschichte I, p. 8, Anm. 4.

[5]) Serv ad Virg. Aen. I, 373: Cic. de Orat. II, 12, 52; Macrob. Saturn. III, 2, 17.

[6]) Ad Virg. Aen. l. c.

die Behauptung ihrer Unechtheit, welche zuerst von de Pouilly[1]), in der französischen Akademie der Inschriften und der schönen Literatur, im Jahre 1729 ausgesprochen, von Beaufort[2]) mit grossem Talente entwickelt und von Niebuhr[3]) und anderen Forschern acceptirt worden ist, heut zu Tage in der Wissenschaft als eine fast allgemein anerkannte da steht.

Dass der Gebrauch, die wichtigsten gleichzeitigen Ereignisse zu verzeichnen, bei den Römern schon in den ältesten Zeiten angefangen hat, unterliegt keinem Zweifel. Derselbe Gebrauch bestand ja auch bei manchen andern Völkern auf niedriger Culturstufe, wie z. B. während des Mittelalters im Occident oder in Russland, wo man den Beginn solcher Aufzeichnungen gleichzeitiger Begebenheiten jedenfalls vor die Jahrbücher des Nestor, d. h. vor das Ende des XI. Jahrhunderts setzen muss[4]). Die Weise selbst, wie in Rom die Annalen zusammengestellt wurden, ferner der Umstand, dass ihre Abfassung einem Mitgliede der Priesterschaft anvertraut war, führen uns von selbst auf die Annahme uralter Anfänge solcher chronistischen Geschichtschreibung. Wir sind weit entfernt, dieses literarische Alterthum in fabelhafte Zeiten hinaufzurücken, wie Christoph Sax, der den Aeneas als Gründer der ersten römischen Annalen betrachtet wissen wollte[5]); dass aber ein solcher Gebrauch in Rom bereits seit den ersten römischen Königen bestanden habe, dem widerspricht Nichts. Der Pontifex Maximus stellte die nach seiner Ansicht merkwürdigen Ereignisse jedes Jahres zusammen und

---

[1]) S. seine Dissertation sur l'incertitude des quatre premiers siècles de Rome in Memoires de litterature tirez de registres de l'Academie Royale des Inscriptions et belles lettres 1729, VI, p. 20. De Pouilly sagt: Ne soyons point surpris que ces Annales fussent des tissus de finctions; elles estoient un ouvrage supposé.

[2]) Dissertation sur l'incertitude des cinq premiers siècles de l'histoire Romaine. Utrecht, 1738, p. 54.

[3]) Röm. Geschichte p. 142 der Ausgabe von 1853 in einem Bande.

[4]) Diese von russischen Gelehrten vielfach besprochene Frage wurde in jüngster Zeit auf die befriedigendste Weise erforscht von dem Petersburger Professor Bestuschew-Rümin in seiner Schrift: Ueber die Bestandttheile der russischen Jahrbücher bis zum Schlusse des XIV. Jahrhunderts, Petersburg, 1868 (in russischer Sprache).

[5]) Miscellanea Lipsiensia nova. 1744, II, p. 417.

verzeichnete sie in kurzen Worten oder, wie Cicero sich ausdrückt, »sine ullis ornamentis« auf einer Weisstafel. Als denkwürdige und aufzuzeichnende Ereignisse wurden betrachtet, Anfang und Ausgang eines Krieges, Thronbesteigung und Tod des Königs, namentlich auch die mannigfaltigsten Wunderzeichen, auffallende Naturerscheinungen, wie Mond- und Sonnenfinsternisse, ungewöhnliche Theuerung, grosse Sterblichkeit bei Menschen u. dergl.[1]). Dass die Quelle für alle diese Wunderbegebenheiten, die Livius gewöhnlich am Ende des Jahres aufzählt und die er aus älteren Annalisten entnommen hat, die Priester-Annalen waren, daran zweifeln wir ebensowenig wie Le Clerc, der sagt: »Je ne doute pas qu'il (Tite-Live) ne doive, si non aux Annales mêmes, du moins à ceux qui écrivirent d'après les Annales, ces longs catalogues de visions célestes, de monstres, d'animaux parlants, de fleuves ensanglantés, de voix inconnues qui retentissent, des statues qui pleurent; tous ces miracles, toutes ces prophéties, qu'il mêle sans cesse aux véritables merveilles de la grandeur romaine etc.[2]).« Ein solcher Inhalt aber, wie er sich in den Annalen bis zu den letzten Zeiten stets gleich blieb, schien den römischen Schriftstellern einer genaueren Durchsicht nicht sonderlich werth[3]). Fassen wir nun zusammen die primitive Art des Eintragens auf Weisstafeln, die ausserordentliche Einfachheit des Inhalts und den constanten Aberglauben, so stimmt alles dies auf das vortrefflichste mit der Annahme überein, dass historische Notizen dieser Art bereits in der ältesten Zeit entstehen konnten, und es wird wahrscheinlich, dass sie in der That schon unter den Königen aufgezeichnet wurden. Dafür wenigstens giebt es unzweifelhafte Beweise, dass die Annalen bereits in der ältesten Zeit der Republik geführt wurden. Einen Beweis dieser Art bildet die in

---

[1]) Cato apud Gell. II, 28: Non lubet scribere quod in tabula apud pontificem maximum est, quotiens annona cara, quotiens lunae aut solis lumini caligo aut quid obstiterit.

[2]) Des journaux chez les Romains, p. 25.

[3]) Cic. de Leg. I, 2, 6: Annales pontificum, quibus nihil potest esse eiunius (ed. Baiter und Kaiser 1865: iniucundius). Die Lesart iucundius könnte man nur in ironischem Sinne auffassen, wozu man aber nach dem Tenor der ganzen Stelle keinen Grund sieht.

sehr alter Zeit des Freistaates von den Pontifices aufgezeichnete Sonnenfinsterniss, deren poetische Erzählung in den Annalen des Ennius auf einer kurzen Notiz in den Annalen der Pontifices beruhte. Aus Cicero[1]) entnehmen wir, dass die in Rede stehende Sonnenfinsterniss annäherungsweise in das Jahr 350 der Stadt (anno trecentesimo quinquagesimo *fere* post Romam conditam) und zwar auf die Nonen des Juni fiel; die gleichzeitige Aufzeichnung derselben in den Annalen der Pontifices, woher sie Ennius entnahm, der dann seinerseits wiederum dem Cicero als Quelle diente, wurde später als eine so richtige Thatsache der astronomischen Beobachtung anerkannt, dass diese Sonnenfinsterniss als Ausgangspunkt der Berechnung aller übrigen Sonnenfinsternisse angenommen wurde, welche vor ihr seit Romulus in Rom stattgefunden hatten. Obwohl Cicero nicht genau das Jahr angiebt, in welchem die Eintragung in die Pontifical-Chronik stattfand, sondern sich auf die ungefähre Angabe des Ennius beschränkt und die Thatsache etwa (fere) um 350 der Stadt ansetzt, so lassen doch die neueren astronomischen Berechnungen keinen Zweifel, dass es sich hier um die am 21. Juni 354 der Stadt (400 v. Chr.) eingetretene totale Sonnenfinsterniss handelt[2]). Auf diese Weise erhalten wir einen unumstösslichen Beweis, dass 10 Jahre vor dem Einfalle der Gallier die Annalen nicht nur vorhanden waren, sondern auch ordentlich geführt wurden. Es liegt aber nicht der geringste Grund vor anzunehmen, dass dieselben erst mit dem genannten Jahre 400 v. Chr. in's Leben getreten seien. Im Gegentheil darf man wohl auf Grund verschiedener Thatsachen die Vermuthung aufstellen, dass die Führung der amtlichen Zeittafeln der Pontifices schon lange vor jenem Ereignisse begonnen hatte. In dieser Ansicht

---

[1]) De Rep. I, 16.
[2]) Herr Chandrikow, Prof. der Astronomie zu Kiew, hat uns von dieser Sonnenfinsterniss folgende Mittheilung gemacht: Im Jahre 400 v. Chr. am 21. Juni fand eine totale Sonnenfinsterniss statt, deren grösste Phase in Rom 5 Min. vor Sonnenuntergang (nach mittlerer Greenwich-Zeit) eintrat. Vergl. P. A. Hansen, Darlegung der theoretischen Berechnung der in den Mondtafeln angewandten Störungen. Zweite Abhandlung, pag. 387.

unterstützt uns zunächst Livius[1]), welcher auf Grund des Zeugnisses nicht nur der »alten Annalen« (ohne Zweifel der Annales Maximi), sondern auch der leinenen Bücher (libri lintei) oder der im Tempel der Juno Moneta aufbewahrten Bücher der Magistratspersonen (magistratuum libri), die Angabe macht, dass A. Cornelius Cossus, der Sieger des Veienterkrieges im Jahre 317 der Stadt, erst nach Verlauf von 9 Jahren zusammen mit T. Quinctius Pennus Cincinnatus zum Consul gewählt wurde. Gleichwie wir keinen Grund zu der Vermuthung hatten, dass die Aufzeichnung der Annalen erst mit dem Jahre der erwähnten Sonnenfinsternisse (354 p. U. c.) begonnen habe, so können wir ebensowenig auch hier auf keinen Fall behaupten, dass ihre Anfänge in das Consulatsjahr des Cossus (326) gefallen seien. Da also keinen Grund zu einer solchen Behauptung vorliegt, so haben wir ein Recht anzunehmen, dass die Führung der römischen Staats-Chronik früher begonnen habe. Hierüber macht der englische Gelehrte Dyer[2]) eine höchst interessante Combination, indem er behauptet, dass eine Stelle bei Livius ausdrücklich das Bestehen der Annalen über das Jahr 449 v. Chr. (305 p. U. c.) hinaus bezeuge. An dieser Stelle erzählt Livius von der im Jahre 423 der Stadt in Rom wüthenden Pest, in Folge deren die römische Regierung die Hinrichtung von 170 Matronen anordnete, welche der Vergiftung verdächtig waren, und bemerkt, dass zuletzt die Ernennung eines Dictators zum Einschlagen eines Nagels in die capitolinische Mauer beschlossen worden sei, weil dies, wie in den bei dieser Gelegenheit zu Rathe gezogenen Annalen vermerkt war, auch schon früher auf Anlass der Secessionen der Plebs stattgefunden hatte. Die erwähnte Einsicht in die Annalen konnte sich nur auf Thatsachen beziehen, welche der Zeit der gedachten Pest weit voran gingen, aus dem einfachen Grunde, weil sie sonst noch in Aller Gedächtniss gewesen sein müssten. Demgemäss

---

[1]) Lib. IV, 20.
[2]) The History of the Kings of Rome, London, 1868, p. XV.
[3]) Liv. VIII, 18: Itaque memoria ex annalibus repetita in secessionibus quondam plebis clavum ab dictatore fixum alienatasque discordia mentes hominum eo piaculo compotes sui fecisse, dictatorem clavi figendi causa creare placuit.

brauchte man die Annalen auch nicht in Betreff der dritten sogenannten Secession (412) zu Rathe zu ziehen, da sie nur eilf Jahre vor dem Ausbruche der erwähnten Pest geschah. Vielmehr konnte natürlich hier nur die Rede von solchen Secessionen sein, welche sich im Gedächtniss des Volkes bereits verloren hatten und worüber nur noch die Staats-Chronik Aufschluss geben konnte. Solcher Secessionen aber gab es zwei, denen die eine im Jahre 260 der Stadt (163 Jahre vor der obenerwähnten Thatsache), die andere im Jahre 305 (also vor 118 Jahren) stattfand. Nicht ersichtlich ist es uns, aus welchen Gründen Dyer die im Jahre 423 vorgenommene Einsicht in die Annalen nur auf jene Secession von 305 (449 v. Chr.) bezieht. Livius spricht von plebejischen Secessionen, in Folge deren der Dictator zum Zeichen der wiederhergestellten bürgerlichen Eintracht den Nagel einschlug, in der Mehrzahl (in secessionibus plebis); und wenn man demnach die Annahme gelten lässt, dass in den Annalen die Einschlagung des Nagels durch den Dictator zum Jahre 305 erwähnt war — was freilich durch keinen thatsächlichen Beweis erhärtet werden kann, um so weniger als dieses Jahr in den capitolinischen Fasten nicht mehr vorhanden ist — so dürfte man dies um so gewisser von der Secession des Jahres 260 gelten lassen, da wir eine ausdrückliche Erwähnung des Dictators M. Valerius Maximus zu diesem Jahre besitzen[1]), welcher an der Wiederherstellung der bürgerlichen Eintracht thätigen Antheil nahm. Da wir nun keinen triftigen Grund zu der Annahme haben, dass die Aufzeichnung der Annalen erst mit dem Jahre der ersten plebejischen Secession auf den heiligen Berg begannen, so ergiebt sich hieraus die Thatsache, dass diese Annalen schon in der ersten Zeit der Republik geführt werden mussten. Freilich bleibt die Frage, wann diese Aufzeichnungen begannen, doch unentschieden, aber dass sie schon in der ältesten Zeit vorhanden waren, dies kann man schwerlich einem Zweifel unterziehen. Allerdings kann man den Einwand machen, dass nicht nur die in den Annalen enthaltene Angabe über das Einschlagen des Nagels 305 und 260 p. u. c., sondern auch jene über das Consulat des Cornelius Cossus

---

[1]) Cic. Brut. 14.

im Jahre 326 in jene neu redigirten Annalen aufgenommen worden seien, welche zur Zeit des Livius eine Sammlung von 80 Büchern ausmachten, und in welchen die Ereignisse nicht nur aus den ersten Zeiten der Republik, sondern auch aus der Periode der Königsherrschaft aufgezeichnet waren. Man könnte ferner die Authenticität der von Livius mitgetheilten Thatsache, dass die Römer die Annalen im Jahre 423 zu Rathe zogen und dort die erwähnte Aufzeichnung über das zweimalige Einschlagen des Nagels aus Anlass der beiden ersten plebejischen Secessionen vorfanden, in Zweifel ziehen: doch diese und ähnliche Einwände würden jeder faktischen Grundlage entbehren, mit den Ueberlieferungen der römischen Literatur nothwendiger Weise in Widerspruch gerathen, sie wären demnach lediglich als ein Erzeugniss des Skepticismus zu betrachten, welcher in der Wissenschaft bei allen Fragen über die alte römische Geschichte um sich gegriffen hat. Im vorliegenden Falle könnte dieser Skepticismus nur in der Thatsache einen Halt finden, dass weder Cicero, noch Dionysius, noch Livius, noch auch die übrigen Geschichtschreiber der Republik und der Kaiserzeit das Original der Annalen aus der Zeit der Königsherrschaft und des ersten Freistaates mit eigenen Augen gesehen haben; dass sie diese ältesten Annalen nicht mehr auf weissen Tafeln und in der ursprünglichen Form, sondern in einer Sammlung von 80 Büchern, die Servius[1]) erwähnt und deren eilftes Gellius[2]) citirt, vereinigt sahen; mit einem Worte, dass sie eine Staats-Chronik vor Augen hatten, die nicht nothwendiger Weise gleichzeitig mit den in ihr erzählten Begebenheiten successive abgefasst sein musste.

Giebt es aber Facta, welche solche Vermuthung unterstützen?

Die Abfassung der römischen Jahrbücher, lag, wie bekannt, den Pontifices ob. Das Collegium der Pontifices, wie ebenfalls bekannt ist, wurde von Numa gegründet. Da aber die Annalen auch von der Regierung des Romulus, dem nach sci-

---

[1]) Ad Verg. Aen. I, 373: Cuius diligentiae annuos commentarios in octoginta libros veteres retulerunt, eosque a pontificibus maximis, a quibus fiebant, Annales Maximos appellarunt.
[2]) Gell. IV, 5.

nem Tode erfolgten Interregnum, ja sogar nach den Worten des Aurelius Victor, von den vorrömischen Zeiten berichteten, so leuchtet ein, dass die Aufzeichnungen aus dieser der Gründung des Collegiums vorangehenden Periode nicht gleichzeitig, sondern erst nachher vorgenommen sein mussten. Ganz anderer Natur sind die Momente, auf Grund deren die Authenticität der Jahrbücher der republikanischen Periode angezweifelt wird. Solcher Art ist der Hinweis auf die eben citirte Stelle des Gellius, welcher, nach der Behauptung der Gelehrten aus der skeptischen Schule[1]), aus dem 11. Buche der Annalen einen jambischen Senar anführen soll, der allerdings in den authentischen Büchern der ältesten Zeit selbstverständlich nicht enthalten sein konnte. Der Vers lautet:

Malum consilium consultori pessimum est,

was nach der ausdrücklichen Angabe von Gellius eine Uebersetzung des Hesiodischen Verses ist:

Ἡ δὲ κακὴ βουλὴ τῷ βουλεύσαντι κακίστη.

Da nun im 11. Buche der Annalen nach wahrscheinlicher Berechnung (weil auf 80 Bücher etwas mehr als sechs Jahrhunderte vertheilt waren) noch von einer älteren Periode der Republik die Rede gewesen sein wird, so würde allerdings, was von selbst in die Augen springt, sowohl diese frühe Popularisation griechischer Poesie in Rom als auch die Anwendung des erst im 6. Jahrhundert der Stadt auftretenden jambischen Verses statt des früher gebräuchlichen saturnischen sehr auffällig erscheinen und uns ein Recht geben an der Echtheit der von Gellius citirten Annalen Zweifel zu hegen. Indessen haben wir keine Veranlassung zu glauben, dass Gellius, indem er den Vers citirt, welcher aus Anlass der Hinrichtung etruskischer Wahrsager, die in Betreff der Aufrichtung der vom Blitze getroffenen Statue des Horatius Cocles einen falschen Rath gegeben hatten, von den Knaben auf den Strassen gesungen wurde, denselben aus den Annalen der Pontifices entnommen habe; vielmehr ist es wahrscheinlicher, dass er ihn in dem 1. Buche der »Merkwürdigen Ereignisse«

---

[1]) Becker, Handb. der Röm. Alterth. I, 10; Schwegler, Röm. Gesch. I, 11; Lewis, Untersuchungen über die Glaubwürdigkeit der alt-römischen Geschichte, I, 174.

des Verrius Flaccus fand, auf welches er sich gleich an der genannten Stelle beruft[1]). Dieser Ansicht ist selbst Schwegler, obwohl er eben diese Stelle zur Beweisführung gegen die Authenticität der Jahrbücher benutzt[2]). Woher aber Verrius Flaccus die Kunde von dem Absingen des Hesiodischen Verses schöpfte, bleibt uns unbekannt und hat auch für die Entscheidung der hier in Rede stehenden Frage keine Wichtigkeit. Mit grosser Wahrscheinlichkeit jedoch lässt sich wenigstens das behaupten, dass ihm auf keinen Fall die grosse Staats-Chronik der Pontifices zur Quelle diente, die der fleissige, aber nicht sonderlich geschickte Compilator Gellius, der sie vielleicht nie mit eigenen Augen gesehen, hier ganz ohne Grund anführt.

Nicht viel haltbarer ist die zum ersten Male von Niebuhr[3]) ausgesprochene Einwendung gegen die Authenticität der Jahrbücher, welche sich auf die Angabe Cicero's[4]) stützt, dass nach der ungefähr im Jahre 350 der Stadt eingetretenen und von den Pontifices aufgezeichneten Sonnenfinsterniss alle vorangehenden berechnet worden seien bis hinauf zu jener, während welcher Romulus zu den Göttern aufgenommen wurde. Indem man nun mit dieser Angabe Cicero's noch das Zeugniss Cato's[5]) verbindet, aus welchem hervorgeht, dass zu seiner Zeit alle Mond- und Sonnenfinsternisse von den Pontifices fleissig in den Annalen aufgezeichnet wurden, so ziehen hieraus einige Gelehrte, der von Niebuhr angegebenen Richtung folgend, den Schluss, dass die Annalen entweder vor dem Jahre 350 der Stadt gar nicht vorhanden waren — denn sonst hätten auch alle vorangehenden Sonnenfinsternisse aufgezeichnet sein müssen — oder dass sie, falls sie bereits früher

---

[1]) Ea historia de haruspicibus ac de versu isto senario scripta est in Annalibus maximis et in Verri Flacci libro primo rerum memoria dignarum.

[2]) Röm. Gesch. I, 11: Gellius, der sonst überall, wo er Annalen citirt, die Geschichtswerke der Annalisten meint, hat sein Citat aus den Priesterannalen offenbar nicht aus ihnen selbst, sondern nur aus Verrius Flaccus geschöpft.

[3]) Röm. Gesch., p. 143 der Ausgabe von 1853 in einem Bande.

[4]) Cic. de Rep. I, 16.

[5]) Bei Gellius II, 28.

vorhanden gewesen, später verloren gegangen und durch neue, keineswegs authentische Aufzeichnungen ersetzt worden seien [1]). Wir unsererseits sehen in der Angabe Cicero's keinen Grund zu einer solchen Behauptung. Diese Nachricht beweist nur, dass die Römer in der Folge die Berechnung der Sonnenfinsternisse auf astronomischem Wege kennen lernten, und dass unter Anderm alle dem erwähnten Jahre vorangehenden ähnlichen Erscheinungen danach festgestellt wurden. Diese Berechnungen geschahen nicht nur in der Absicht, unbekannt gebliebene Finsternisse zu entdecken, sondern auch um die genaue Zeit der bei dem ehemaligen mangelhaften Zustande des Kalenders aufgezeichneten zu fixiren. Wir haben ein Recht anzunehmen, dass sich die angeführte Stelle aus Cicero auf diese prüfende und bestätigende Berechnung bezog, welche in Folge der erweiterten wissenschaftlichen Kenntnisse möglich gemacht wurde (Hac in re tanta inest ratio atque sollertia). Dass aber die damaligen Astronomen gerade die am 21. Juni 354 der Stadt eingetretene Sonnenfinsterniss zum Ausgangspunkt für solche Berechnungen gewählt hatten, das konnte in ihrer Ueberzeugung von der besonderen Genauigkeit gerade dieser Notiz seinen Grund haben.

Der älteste und gewöhnlichste Beweis gegen die Authenticität der später vorhandenen Jahrbücher der ältesten Zeit besteht in der Behauptung, dass die authentischen Original-Aufzeichnungen in der Feuersbrunst und Verwüstung der Stadt durch die Gallier (364 p. u. c.) zu Grunde gegangen seien. Diese durch Beaufort auf die fleissigste Weise entwickelte Ansicht über die Zerstörung der ältesten Annalen fasste seit dieser Zeit so tiefe Wurzeln in der Ueberzeugung der Gelehrtenwelt, dass sie heute überall als unzweifelhafte und jeder Beweisführung überhobene Thatsache angenommen wird. Den hauptsächlichsten Grund zu solcher Vermuthung findet man in folgender Stelle bei Livius: »In fünf Büchern habe ich auseinandergesetzt, was die Römer seit Gründung der Stadt Rom bis zu ihrer Einnahme zuerst unter den Königen, dann unter Consuln, Dictatoren, Decemvirn und Consulartribunen ausgeführt haben, Kriege nach aussen, Unruhen daheim: Dinge,

---

[1]) Schwegler, Röm. Gesch. I, 10; Lewis, Untersuchungen etc., p. 167.

die nicht nur wegen ihres sehr hohen Alterthums verdunkelt werden, da man sie gleichsam aus weiter Entfernung kaum noch erkennen kann, sondern auch deswegen, weil schriftliche Aufzeichnungen die einzige treue Hüterin des Andenkens an die geschehenen Ereignisse, in jenen Zeiten spärlich und selten waren, endlich auch, weil, wenn sich solche in den Commentarien der Pontifices und anderen öffentlichen und Privat-Denkmälern vorfanden, dieselben beim Brande der Stadt meistentheils untergegangen sind [1].« Dieses Zeugniss des Livius über den Untergang verschiedener Schriftdenkmäler durch den gallischen Stadtbrand ist in der That von der grössten Wichtigkeit. Es ist das Zeugniss des Alterthums, auf dessen Gemüth eine solche Katastrophe nothwendig einen gewaltigen Eindruck machen musste. Freilich behauptet Livius nicht ausdrücklich den Untergang der Annalen; aber obwohl er unter allen zu Grunde gegangenen Denkmälern nur die Commentarien der Pontifices namentlich anführt, so können doch seine Worte *quae in commentariis pontificum* etc., wie wir früher bemerkten [2]), schwerlich speciell auf die Bücher dieses Namens bezogen werden. Wir meinen, dass Livius unter *commentariis*, wie es auch nicht anders erklärt werden kann, ganz allgemein die priesterlichen Aufzeichnungen überhaupt verstand. Wie dem aber auch sein mag, klar ist wenigstens so viel, dass während des Brandes eine ganze Masse von schriftlichen Denkmälern, und unter ihnen auch die von den Priestern angefertigten ihren Untergang fanden. Das Zeugniss des Livius wird durch folgende Worte Plutarch's [3]) ergänzt:

---

1) Liv. VI, 1: Quae ab condita urbe Roma ad captam eandem urbem Romani sub regibus primum, consulibus deinde ac dictatoribus decemvirisque ac tribunis consularibus gessere, foris bella, domi seditiones, quinque libris exposui, res cum vetustate nimia obscuras, velut quae magno ex intervallo loci vix cernuntur, tum quod parvae et rarae per eadem tempora litterae fuere, una custodia fidelis memoriae rerum gestarum, et quod etiamsi quae in commentariis pontificum aliisque publicis privatisque erant monumentis, incensa urbe pleraeque interiere.

2) Anfang von Cap. IV.

3) Numa cap. 1: Κλώδιός τις ἐν Ἐλέγχῳ χρόνων (οὕτω γάρ πως ἐπιγέγραπται τὸ βιβλίον) ἰσχυρίζεται, τὰς μὲν ἀρχαίας ἐκείνας ἀναγραφὰς ἐν τοῖς κελτικοῖς πάθεσι τῆς πόλεως ἠφανίσθαι.

»Ein gewisser Clodius behauptet in seinem Chronologischen Anzeiger — so heisst sein Werk — dass die alten Schriften (über die Abkunft des Numa) — während der Zerstörung Rom's durch die Gallier verloren gegangen seien.« Clodius (wahrscheinlich der Annalist Clodius Licinus) hatte freilich unsere Annalen nicht im Sinne gehabt; aber sein Zeugniss bestätigt die Thatsache, dass während des gallischen Brandes die schriftlichen Denkmäler der ältesten Zeit ihren Untergang fanden. Was aber die Möglichkeit der Zerstörung auch der Annalen durch jene Katastrophe anbelangt, so erscheint sie ausser allem Zweifel, wenn man bedenkt, dass die Regia, der Sitz des Oberpriesters, vom Brande verwüstet wurde und demnach auch die hölzernen Tafeln der Annalen, die wahrscheinlich schon zu dieser Zeit eine bedeutende Anzahl ausmachten, unmöglich verschont bleiben konnten. Die grosse Menge der Tafeln war der Grund, dass sie weder mit anderen Ritualsachen in Fässern in dem dem Hause des Flamen Quirinalis nahe gelegenen Sacellum verscharrt, noch auch zur Aufbewahrung nach Caere gebracht wurden, zumal sie keine Gegenstände der Verehrung bildeten, wie die Ritualsachen und die heiligen Bücher, deren Erhaltung den Priestern vor allen Dingen am Herzen liegen musste. Dessenungeachtet erscheint doch die Annahme zu kühn, dass die Annalen **sämmtlich** ihren Untergang beim gallischen Brande gefunden haben sollen. Schon allein die Angabe des Livius, dass nur **der grösste Theil** der Pontificalbücher, sowie der andern öffentlichen und Privat-Documente verloren gegangen, gestattet einen Zweifel in Betreff des Unterganges der **ganzen Annalen**. Ferner, die hölzernen Tafeln, auf welchen die merkwürdigen Ereignisse jedes Jahres verzeichnet und dem Volke zur Einsicht aufgestellt wurden, konnten freilich sehr leicht vom Feuer zerstört werden; aber darf man denn mit Fug und Recht annehmen, dass die Priester-Annalen, ein Staatsdenkmal, nur auf hölzernen Tafeln aufgezeichnet waren, die so leicht der Zerstörung anheimfallen konnten? Schon Niebuhr[1]) sprach die Vermuthung aus, dass die Annalen der

---

[1]) Röm. Gesch. 1853, p. 142 der oben citirten Ausgabe.

Pontifices vielleicht schon damals zugleich auch in Bücher eingetragen und diese letzteren auf's Capitolium zur Aufbewahrung gebracht worden seien, wo auch z. B. die sibyllinischen Bücher aufbewahrt wurden. Ja aus der Art und Weise, wie die Jahrbücher nach den Worten Cicero's abgefasst wurden, geht klar hervor, dass der Pontifex die denkwürdigen Ereignisse zuerst in ein Buch eintrug und erst dann auf einer weissen Tafel zur Einsicht des Publikums aufstellte[1]). Den wahren Sinn dieser Worte, worauf zuerst Dyer[2]) sein Augenmerk richtete, beachteten aber die Gelehrten bisher nicht nach Gebühr. Fasst man die fragliche Stelle Cicero's richtig auf, so verliert die Berufung auf die leichte Brennbarkeit der hölzernen Tafeln, welche bei unsern römischen Geschichtschreibern aus der skeptischen Schule eine so hervorragende Rolle spielt, fast ihre ganze Bedeutung. Denn die in Büchern aufgezeichneten Annalen konnten in jedem Falle, wenn auch nicht im Capitolium, sehr leicht aufbewahrt werden. Und in der That haben wir das Recht anzunehmen, dass die aus Büchern bestehenden Annalen nicht ein gleiches Missgeschick wie die übrigen schriftlichen Denkmäler während des gallischen Brandes getroffen habe. Diese Annahme stützt sich auf die oben angezogene Stelle des Livius, wo er die Wiederherstellung der andern Documente erzählt, aber mit keinem Worte einer erneuten Redaction der Annalen erwähnt, was doch ein Historiker, falls dieselben wirklich durch den Brand zerstört worden wären, unmöglich hätte mit Stillschweigen übergehen können. Dieses Schweigen gewinnt eine nicht geringe Bedeutung, wenn wir uns in Erinnerung bringen, dass Livius ebensowenig unmittelbar den Untergang der Annalen erwähnt. Folglich ist die Zerstörung der Priesterannalen beim gallischen Brande denn doch keine so unumstösslich historische Thatsache, wie man gewöhnlich annimmt. Becker, der ebenfalls von dieser vermeintlichen Thatsache überzeugt ist, hält es doch für nöthig hinzu-

---

[1]) Cic. de Orat. II, 12, 52: Res omnes singulorum annorum mandabat literis Pontifex maximus efferebatque (referebatque?) in album et proponebat tabulam domi, potestas ut esset populo cognoscendi.
[2]) The History of the Kings of Rome, p. XXIV.

zufügen, dass die Möglichkeit einer Zerstörung der Annalen nicht nur beim gallischen Brande eintrat, sondern auch bei dem Brande des Vestatempels im Jahre 512 p. u. c., ebenso 32 Jahre später bei dem abermaligen Brande der Regia, und endlich im Jahre 605 bei der grossen Feuersbrunst unter dem Pontifex Mucius, mit welchem die Abfassung der Annalen nach Cicero ihren Abschluss fand[1]).

Ob die Annalen in einer der letztgenannten Feuersbrünste zu Grunde gingen, wissen wir nicht; jedenfalls aber unterliegt es keinem Zweifel, dass sie zur Zeit Cicero's in einer systematisch geordneten Sammlung vorhanden waren, welche die geschichtlichen Ereignisse Rom's von den Uranfängen des Staates enthielt und als ein historisches officielles Denkmal angesehen wurde. Wir wissen nicht, wann diese Sammlung zu Stande kam. Es ist möglich, dass sie allmählich sich bildete, und dass die 80 Bücher, aus welchen sie bestand, einzelne Bände waren, welche sich im Laufe der Zeit nach und nach anreihten und zur Zeit des Oberpriesters Mucius die Zahl 80 erreichten. Andererseits lässt sich freilich nicht läugnen, dass die Sammlung einer erneuten Redaction unterzogen werden musste, wie dies von jenen Theilen bewiesen wird, welche über die Zeiten vor Numa berichteten. Auf jeden Fall aber war es eine officielle Sammlung der Documente über die Geschichte Rom's. Diese ihre Bedeutung geht auch daraus hervor, dass, wie Huschke[2]) richtig bemerkt, auf ihrer Grundlage ein anderes officielles Document, nämlich die Fasti consulares s. g. Capitolini, abgefasst wurde, die ebenfalls mit der Gründung Rom's[3]) begannen. Dass aber den Annalen auch für die ältesten Zeiten diese Bedeutung beigemessen wurde, dient zum Beweise von der allgemeinen Ueberzeugung ihres authentischen Ursprunges.

Wir fanden genug Gründe, welche auf das Bestehen der Annalen in den ältesten Zeiten der Republik hinwiesen:

---

[1]) Handb. der Röm. Alterth. I, 9.
[4]) Das alte römische Jahr und seine Tage, p. 76.
[5]) Henzen in der Beilage zur Mommsen'schen Ausgabe: Inscriptiones Latinae antiquissimae, p. 420.

haben wir nun einen triftigen Grund zu läugnen, dass ihre Entstehung noch in die Zeit der Königsherrschaft hinübergreift, deren lange, an merkwürdigen und staunenswerthen Ereignissen reiche Geschichte doch auf keine Weise ohne Hilfe der schriftlichen Aufzeichnung den folgenden Generationen überliefert werden konnte? —

Capitel VI.

Die Hymnen der Arvalbrüder (Carmina Fratrum Arvalium) und der Salischen Priester (Carmina Saliaria).

Nach allem dem, was wir über den Gebrauch der Schrift zur Zeit der römischen Könige und besonders auch über die Entwickelung der geistlichen Literatur in den »Büchern« und »Commentarien« der Pontifices gesagt haben, wenden wir uns zu dem gegenwärtigen Capitel mit einem vielleicht nicht für Jeden verständlichen Vergnügen. In dem auf uns gekommenen Hymnus der Arvalbrüder und in den Fragmenten der Gesänge der Salier besitzen wir die Documente, ohne welche Alles über das Bestehen einer geistlichen Literatur zur Zeit der römischen Könige gesagte Vielen leicht. als leere Vermuthung erscheinen könnte: diese aber sind nicht nur sprechende Zeugnisse dafür, dass eine geistliche Literatur in den ältesten Zeiten des römischen Staates bereits vorhanden war, sondern sie machen uns zugleich auch mit der Sprache bekannt, in welcher jene priesterliche Literatur ihren Ausdruck fand.

Seit unvordenklichen Zeiten zählte zu den Dienern des römischen Cultus auch jene geistliche Genossen- oder Brüderschaft, deren Hauptaufgabe es war, den Göttern der irdischen Fruchtbarkeit zu dienen, und welche daher den Namen Fratres Arvales führte[1]). Diese Brüderschaft gehört ihrer Entstehung

---

[1]) Varro de L. L. V, 85: Fratres Arvales dicti sunt, qui sacra publica faciunt propterea, ut fruges ferant arva, a ferendo et arvis fratres arvales dicti.

nach wahrscheinlich, wie auch die der Salier, in die ältesten Zeiten Latiums, die noch vor der Gründung Rom's lagen. Nach der Ueberlieferung erscheint das Collegium der 12 Arvalbrüder in Rom bereits zur Zeit des Romulus, welcher, indem er als selbzwölfter in die Reihe der Söhne seiner Amme Acca Larentia trat, selbst Mitglied dieses Collegiums wurde[1]). Das hohe Alter der Genossenschaft der Arvalen bestätigt sich auch durch ganz evidente Thatsachen: nicht nur durch die Sprache [des auf uns gekommenen Hymnus, den wir unten näher besprechen werden, nicht nur durch die vielen aufgefundenen Ueberreste ihrer Gefässe, welche von allen Kennern als Beispiele der ältesten Gefässe Latiums anerkannt werden[2]), sondern auch durch das Verbot der Anwendung, ja selbst des Vorhandenseins des Eisens und der eisernen Geräthschaften in dem Haine und Tempel der von den Arvalen verehrten Göttin. Das letztgenannte Factum weist uns direct auf die Entstehung der Brüderschaft in der Bronze-Epoche, als der Gebrauch des Eisens noch unbekannt war[3]). Von diesen uralten Anfängen nun bestand das Collegium bis in die späteste Kaiserzeit, wie es die auf Marmor eingegrabenen Acten nachweisen, die schon im vorigen Jahrhundert von dem fleissigen und gelehrten Italiener Marini gesammelt und erklärt wurden[4]), und neuerdings eine bedeutende Bereicherung, besonders durch Henzen's Ausgabe der »Scavi nel bosco sacro dei Fratelli Arvali« erfahren haben.

Aus diesen Acten oder Protocollen, die in grosser Anzahl aus der Kaiserzeit auf uns gekommen sind, kann man

---

[1]) Plin. N. H. XVIII, 2, 6: Arvorum sacerdotes Romulus in primis instituit seque duodecimum fratrem appellavit inter illos Acca Larentia nutrice sua genitos. Gell. VI, 7: Sabinus Massurius in primo Memorabilium secutus quosdam historiae scriptores Accam Larentiam Romuli nutricem esse dicit. »Ea, inquit, mulier ex duodecim filiis maribus unum morte amisit, in illius locum Romulus Accae Larentiae sese filium dedit, seque et ceteros eius filios fratres arvales appellavit« Fulg. 9, ed. Lersch p. X.

[2]) Vergl. Henzen, Scavi nel bosco sacro dei Fratelli Arvali. Roma, 1868, p. V.

[3]) Rossi, in den Annali dell' instituto di corrispondenza archeologica 1867, p. 36.

[4]) Gli atti e monumenti de' fratelli Arvali. Roma, 1795.

sich ein sehr vollständiges und bestimmtes Bild entwerfen von der Zusammensetzung, den Pflichten, den Ceremonien und überhaupt von der ganzen Thätigkeit des Arvalcollegiums. Diese Arbeit wurde in vortrefflicher Weise bereits von Marini selbst unternommen; auf Grund seiner Forschungen giebt Klausen[1]) einen kurzen Abriss, und auch Marquardt[2]) benutzte sie bei Behandlung desselben Gegenstandes. Auf Veranlassung der vielen neu entdeckten Urkunden verbreitete sich Henzen in seiner erwähnten Schrift wiederum über die Verfassung des Arvalcollegiums, nach ihm endlich Klügmann[3]).

Da wir es für unnöthig erachten, hier das zu wiederholen, was jedem Forscher über römische Alterthümer geläufig sein sollte und was, weil es auf unzweifelhaften Urkunden überliefert ist, kein Gegenstand der wissenschaftlichen Controverse sein kann, beschränken wir uns nur auf wenige Worte. — An der Spitze des Collegiums, wie die Protocolle nachweisen, stand ein Magister, welcher jährlich von den Brüdern gewählt wurde und an den Saturnalien (17. December) sein Amt antrat[4]), in welchem er bis zu den Saturnalien des folgenden Jahres verblieb. Ihm lag es ob, die Brüder zur Berathung zu versammeln, so oft es ihm nöthig erschien. War er verhindert, so vertrat seine Stelle der Promagister[5]), den er für jeden einzelnen Fall bestimmte[6]). Mit dem Magister zusammen, ebenfalls auf ein Jahr, wurde der Flamen erwählt[7]), den im Falle der Verhinderung der Proflamen ver-

---

1) De carmine Fratrum Arvalium. Bonnae, 1836.
2) Handbuch der Röm. Alterthümer IV, p. 407 ff.
3) Philologus 1869, p. 469 ff.
4) Marini, Taf. XXXII, col. 2: Petronium Priscum ex Saturnalibus primis in Saturnalia secunda Mag. fecerunt et Flavium Sulpicianum Flaminem (nominaverunt). Dies war unter der Regierung des M. Aurelius Commodus Antoninus, unter dem Consulat des M. Herennius Secundus und M. Egnatius Postumus, 14 Tage vor den Kalenden des Juni, wie auf derselben Tafel bemerkt ist. Cf. Taf. XXXVI, XXXV u. a. Auch bei Henzen pp. 43, 53, 62, 65, 70, 74.
5) Marini, Taf. XXXIX: Promagister vice Magistri. Cf. Taf. V, VIII, XIII, XXXIV, XXXV u. a. Henzen, p. 20, 27, 37, 52, 45, 75 u. a.
6) Henzen, p. IV.
7) Marini, Taf. XXXII, XXXVI, u. a Henzen, p. 43, 52, 74.

trat¹). Als Diener der Genossenschaft werden sehr oft erwähnt die vier pueri, welche den vornehmsten Familien angehörten und deren Vater und Mutter noch am Leben sein mussten (patrimi et matrimi)²). Unter der niederen Dienerschaft werden erwähnt: ein aedituus³), Aufseher für Ordnung in den heiligen Gebäuden; calatores⁴), specielle Diener der einzelnen Mitglieder, die gewöhnlich Freigelassene waren; publici (servi)⁵), Sclaven als Eigenthum des Gesammtcollegiums; scriba⁶) oder commentariensis⁷) (al. a commentariis).

Soviel über das Personal der Arvalgenossenschaft zur Kaiserzeit. Ob es in der Periode der Könige dasselbe gewesen, können wir freilich durch keine Thatsachen entscheiden. Doch darf man darauf hinweisen, dass der äusserst conservative Charakter, wie er religiösen Einrichtungen überhaupt eigen zu sein pflegt, uns ein hohes Alterthum dieser Zusammensetzung verbürgen kann, obwohl es fast allgemein anerkannt ist, dass das Collegium in der Zeit des Augustus eine Umgestaltung erfahren hat. Hinsichtlich der Mitglieder ist noch hinzuzufügen, dass denselben dieser geistliche Charakter nie mehr genommen werden konnte, selbst dann nicht, wenn Jemand wegen eines politischen oder Capital-Verbrechens in die Verbannung geschickt wurde oder auch in Gefangenschaft gerieth⁸). Starb aber ein Mitglied, so trat an seine Stelle ein neues, und zwar durch Cooptation der Genossenschaft⁹). Der Wahl

---

1) Marini, T. XXVII, XXXV; Henzen, p. 70, 75.

2) Marini, T. XXIII: ministrantibus pueris ingenuis patrimis et matrimis senatorum filiis. Cf. T. XXXII, XXVII, XXVI, XXVII, XL, XLI ᵃ XLI ᵇ u. a. Henzen, p. 37, 43, 53, 62, 65, 70, 75,

3) Marini, T. XXIV.

4) Marini, T. XXIII, XXIV, XXXII, u. a. Cf. seine Osservazioni, p. 498. Henzen, p. 27, 43, 53, 62, 65, 70. Cf. p. IV.

5) Marini, T. XXIII, XXXII u. a. Henzen, p. 43, 53, 59, 70, 75.

6) Marini, T. LXIV, scriba collegii Arval (ium). Henzen (p. IV) hält diese Inschrift für unecht.

7) Marini, T. XLII, XXXVIII. Cf. seine Osservazioni, p. 498.

8) Plin. N. H. XVIII, 2, 6: Honos is non nisi vita finitur et exsules etiam captosque comitatur.

9) Marini, T. XXIV, Col. 2: Magisterio L. Verati Quadrati II... (in Pronao Ae)dis Concordiae collegium Fr(atrum Arvalium convenerunt ibi)que

ging ein Gebet (precatio cooptationis)¹) des Magister voran, der nach dem religiösen Gebrauche auch diese Cooptation zu vollziehen hatte²). Abzeichen für die Arvalen waren ein Aehrenkranz (corona spicea) und weisse Binden (vitta alba, alba infula)³). Sowohl die Art der Neuwahl von Mitgliedern, als auch die genannten Aehrenkränze muss man wohl, der Natur der Sache gemäss, in ihrer Entstehung auf die Gründungszeit des Collegiums zurückführen.

Der Name der Arvales (von arvum), sowie die Aehrenkränze, womit sie bei feierlichen Veranlassungen sich schmückten, zeigen von selbst klar die Bestimmung an, welcher dieses geistliche Collegium seinen Ursprung verdankte: nach den Worten Varro's⁴) nämlich war es die Aufgabe der Arvalbrüder, sacra publica facere, ut fruges ferant arva. In dieser Weise bewahrte ihr Cultus, wie er sich einmal in der kirchlichen Organisation Rom's darstellte, seine ganze ursprüngliche Bedeutung bis zu den letzten Zeiten des Bestehens der Brüderschaft, obwohl in der Folge zu ihren Pflichten manche hinzugefügt wurden, die ihrer eigentlichen Bestimmung fremd waren, wie z. B. Gebete für das Wohlergehen des Kaisers⁵) und seiner Familie, Gebete am Geburtstage des Kaisers oder eines Mitgliedes seiner Familie⁶), bei der Vermählung des Kaisers, und um ihm Nachkommenschaft zu erflehen (liberorum procreandorum causa)⁷), bei seiner Errettung aus einer Gefahr⁸),

---

cooptarunt fratrem Ar(valem in locum) etc. In der Taf. I wird gesagt: per tabellas cooptarunt. Bei Henzen, p. 65, wird gesagt: ex litteris imperatoris.. Fratrem Arvalem cooptaverunt; vgl. p. 32, 70.

1) Marini, XLI ᵇ.

2) Marini, T. I, lin. 12: Fratrem Arvalem cooptavit et ad sacra vocavit. Cf. lin. 22.

3) Plin. N. H. XVIII, 2, 6; Gell. VI, 7. Vgl. Marquardt, IV, p. 408 Anm. 2784.

4) De L. L. V, 85.

5) Marini, T. IV, VI, XXII, XXVIII, XV, XXXIX u. a. Henzen, p. 1, 3, 15, 17, 25, 36, 37, 53, 56, 62, 65, 73, 74, 75

6) Marini, T. VIII, XIV, XVI; Henzen, p. 8 u. 27.

7) Marini, XL.

8) Marini, T. VII: Ob detecta nefaria consilia contra imperatorem Caium Caesarem Augustum. Henzen, p. 43 u. 25.

und überhaupt bei vielen andern Veranlassungen, welche von der vollständigen Unterordnung der Religion und ihrer Diener unter den Willen der Nachfolger des Augustus Zeugniss ablegen. Daher darf es nicht wundern, wenn wir in dieser Zeit neben den Gottheiten, welche die Fratres Arvales ursprünglich verehrten, auch solche finden, wie Genius Ipsius (Imperatoris), Divus Augustus, Diva Augusta, Salus Augusti, ja sogar Diva Poppaea und ihre Tochter Diva Claudia Virgo[1]), auch Diva Drusilla[2]) — die Gottheiten, denen am ersten Tage des Jahres und bei einigen anderen Gelegenheiten geopfert wurde[3]). — Die Hauptaufgabe der Arvalbrüder aber bestand in dem Cultus der Göttin der Fruchtbarkeit, Dea Dia, und diese Bestimmung bewahrte sich das Collegium zu allen Zeiten, wie es die Protocolle ausweisen, welche ausschliesslich der Kaiser-

Ueber die Art dieser Feier geben uns die Marmor-Urkunden ausführlichen Bericht. Besonders ausführlich ist in dieser Hinsicht die Tafel XLI^a bei Marini, in welcher uns auch jener berühmte Hymnus der Arvalbrüder aufbewahrt ist, den wir als das älteste Denkmal der römischen Sprache ansehen können. Obwohl die Darstellung des Verlaufs jener Feierlichkeit nicht in dem Kreise unserer Aufgabe zu liegen scheint, zumal da alles hierher Gehörige genügend von Klausen, Marquardt und Henzen behandelt wurde, so hängt doch andrerseits jenes älteste Denkmal der römischen Literatur mit dem Inhalte dieser Feier so enge zusammen, dass wir zum Zwecke der Erklärung der wenigen saturnischen Verse, um derentwillen wir überhaupt von den Arvalbrüdern und ihrer Bedeutung im religiösen Leben Rom's handeln, nothwendig auf dieselbe Rücksicht nehmen müssen. Eine, wenn auch kurze Darstellung des Cultus der Dea Dia erscheint aber um so anziehender, da wir einen solchen Schatz von Urkunden vor Augen haben. Ausser der genannten Tafel XLI^a der Marinischen Sammlung ist hier besonders hervorzuheben die aus dem Jahre 90 herrührende Tafel bei Henzen, S. 53.

Das Fest begann damit, dass am frühen Morgen (prima luce) des 17. oder 27. Mai die Arvalbrüder, mit Praetexten bekleidet, sich im Hause (domi) des Magister oder Promagister, in seltenen Fällen auch auf dem Palatin im Tempel der Divi (in Palatio in Divorum) versammelten, räucherten und Weinspenden den Göttern darbrachten (ture et vino fecerunt), die Erstlingsfrüchte des vergangenen und des neuen Jahres opferten und kosteten; nachdem sie dann die Salbung der Statue der Göttin vorgenommen und die dargebrachten Brode mit Lorbeer bekränzt hatten, liessen sie sich auf ihre Sitze (cathedrae) nieder und legten die Praetexten ab. Am Nachmittage, nachdem sie ein Bad genommen, versammelten sie sich wieder, setzten sich auf ihre Sessel; dann wuschen sie die Hände, legten das weisse Speisekleid (cenatorium album)

---

der Mitglieder, welche an der Sitzung Theil genommen, dies Mal der Magister nebst drei Brüdern. Vgl. auch Taf. XXVIII, XVIII u. a. Henzen, p. 42, 58, 62, 74.

5) Vgl. Marini, Taf. XVII^b, XXII, XLI^a u. a. Henzen, p. 27, 65. Nur ein Mal wird der 25., 27. und 28. Mai genannt; s. Henzen, p. 53.

an und lagerten sich auf Triclinien zum Festschmause. Getrennt von ihnen sassen die 4 oben erwähnten Edelknaben, die ebenfalls an dem Festmahle Antheil nahmen. (In Taf. XLII findet sich die Angabe, dass diese gemeinsamen Mahlzeiten für jeden Arvalen täglich 100 Denare kosteten, so dass also für die 3 Tage 300 Denare auf den Mann kamen). Nach dem Mittagsmahle liessen sich die Brüder auf goldgestickte Decken nieder (super toralibus segmentatis); wiederum wurden Weihrauch- und Weinspenden dargebracht. Die vier Edelknaben, die Diener und Sclaven trugen die dargebrachten Opfer auf den Altar der Göttin; die Arvalen selbst, nachdem sie sich gesalbt und Aehrenkränze aufgesetzt hatten, kosteten wieder von den Erstlingsfrüchten der Erde. Nachher folgte ein Nachtisch aus Backwerk (mensa secunda bellariorum)[1], an welchem auch andere Priester Theil nahmen, die dem Arval-Collegium nicht angehörten (sacerdotes imperatoris Augusti et ceteri sacerdotes). Nachdem Alle ihre Portion erhalten und Jeder ein Blättchen von einem Rosenbüschel genommen hatte (rosa[m] soluta[m] diviserunt)[2], gingen sie mit dem Wunsche *feliciter!* in ihre Wohnungen.

Die Feier des zweiten Festtages fand nicht in Rom selbst statt, sondern in einer Entfernung von 5 Meilen an der campanischen Landstrasse[3], in einem der Dea Dia geweihten Haine (in luco Deae Diae). Dort schlachtete der Magister oder Promagister zwei Schweine zur Sühnung (porcas piaculares), und eine Ehrenkuh (vacca honoraria). Der Magister und die übrigen Brüder setzten sich im Tetrastyl auf Bänke. Gleich darauf nahm der Erstgenannte die Eingeweide der geopferten Schweine und legte dieselben auf den Altar; die der geschlachteten Kuh aber legte er auf den heiligen Heerd im Circus, der sich im Haine befand um die mit dem Gottesdienst verbundenen Spiele aufzuführen. Von dort kehrte er wieder in das Tetrastyl zurück, brachte die vorgenommene Handlung in einem Buche zu Protocoll (et in codice cavit),

---

[1] S. die Erklärung des Wortes bellaria bei Gellius XIII, 11 und bei Marini in den Osservazioni, p. 578.

[2] Vergl. Marini, Osservazioni, p. 580.

[3] Marini, T. XLIII: via Campana apud lapidem V (jetzt vigna Ceccarelli).

legte die Praetexta ab und zog sich in sein Zelt zurück (et in papilione suo reversus). Am Nachmittage versammelten sich die Brüder abermals im Tetrastyl, nahmen wieder auf ihren Bänken Platz und unterzeichneten die Protocolle über ihre Theilnahme an dem stattgefundenen Opfer (caverunt se adfuisse et sacrum fecisse) und assen das Fleisch und das Blut der geopferten Sühnschweine (et porcilias piaculares epulati sunt et sanguem). Dann legten Alle die Praetexten an, setzten auf die Häupter Aehrenkränze und begaben sich in den Hain. Dort schlachtete der Magister oder Promagister ein fettes Lamm (agnam opimam), und die Brüder nahmen die Schau der Eingeweide vor; es erfolgte eine abermalige Räucherung mit Weihrauch und eine Weinspende. Zum Tempel zurückgekehrt, wurde auf dem Tische daselbst ein Opfer dargebracht. Der Magister aber verrichtete dieses Opfer zusammen mit dem Flamen vor dem Heiligthum (in mensa sacrum fecerunt ollis et ante aedem in cespite Promagister et Flamen sacrum fecerunt). Dann legten sie auf den Altar das vom Volke dargebrachte und gesammelte Geld[1]). Der Flamen und der Promagister, mit Weinflaschen (cum simpulis) und dem Rauchfasse in Händen, stellten sich vor die Thüre (ante ostium) des Heiligthums[2]). Zwei von den Brüdern, von Sclaven begleitet, schickten sich an, die vom Volke zur Segnung mitgebrachten Feldfrüchte einzusammeln, indem sie dieselben mit der linken Hand in Empfang nahmen und zur rechten Seite hin weiter gaben; nach Beendigung der Ceremonie der Segnung wurden sie durch die Sclaven dem Volke wieder eingehändigt. Alle Brüder gingen sodann wieder in das Heiligthum zurück und verrichteten ein Gebet über den in Töpfen kochenden Eingeweiden der geopferten Thiere; gleich darauf lagerten sie sich auf einer Anhöhe vor dem Tempel. Darauf nahmen sie auf ihren Marmorbänken Platz, vertheilten unter das Volk die lorbeerbekränzten Brode und die übrig gebliebenen Stücke der Opferthiere. Darauf wurde im Tempel die Salbung der Statue der Göttin vorgenommen, und nachdem das ganze Volk sich entfernt hatte und das Heiligthum

---

[1]) Vgl. Marini, Osservazioni, p. 589.
[2]) Vgl. Marini, Osservazioni, p. 591.

geschlossen war, umgürteten sich die Arvalen, nahmen die Ritualbücher zur Hand und begannen unter Tanzgeberden folgenden Hymnus:[1])

> Enos, Lases, iuvate!
> Enos, Lases, iuvate!
> Enos, Lases, iuvate!
> Neve luerve, Marmar, sins incurrere in pleores!
> Neve luerve, Marmar, sins incurrere in pleores!
> Neve luerve, Marmar, sins incurrere in pleores!
> Satur fu, fere Mars, limen Sali sta berber!
> Satur fu, fere Mars, limen Sali sta berber!
> Satur fu, fere Mars, limen Sali sta berber!
> Semunis alternei advocapit conctos!
> Semunis alternei advocapit conctos!
> Semunis alternei advocapit conctos!
> Enos, Marmor, iuvato!
> Enos, Marmor, iuvato;
> Enos, Marmor, iuvato!
> Triumpe, triumpe, triumpe, triumpe, triumpe!

Auf diesen Punkt des Festes der Arvalbrüder angelangt, wollen wir Halt machen und verweilen, da das Weitere nicht in den Bereich unserer Aufgabe fällt.

Die Sprache dieses Hymnus verräth schon auf den ersten Blick ein so hohes Alter, dass wir sofort erkennen, hier das älteste Denkmal der römischen Literatur vor uns zu haben, wenn wir die Gesänge der Salier ausnehmen, von denen unten die Rede sein wird. Durchaus richtig bemerkt Mommsen[2]), dass die Sprache dieses Hymnus, sowie der mit ihm ver-

---

[1]) Auf der im Jahre 1788 gefundenen Marmorurkunde, die Marini als Taf. XLI^a abgedruckt, Ritschl in Priscae Latinitatis Monumenta epigraphica auf Taf. XXXVI als Facsimille wiedergegeben hat, ist der Hymnus, mit Abrechnung der von uns hinzugefügten Marini'schen Interpunction, in folgender Gestalt überliefert:
Enos Lases iuvate, enos Lases iuvate, enos Lases iuvate! Neve luaerve Marma sins incurrere in pleores, neve luerve Marmar .. ns incurrere in pleoris, neve luerve Marmar sers incurrere in pleoris. Satur furere Mars limen ... e sta berber, satur fufere Mars limen sali sta berber, satur fufere Mars limen sali sca berber ... unis alternei advocapit conctos, semunis alternei advocapit conctos, simunis alternip advocapit .... os. Enos Marmor iuvato, enos Marmor iuvato, enos Mamor iuvato. Triumpe, triumpe, triumpe, trium .., ... mpe.

[2]) Röm Gesch. I, p. 218, (3. Ausg.)

wandten Fragmente der Saliergesänge sich zu der der zwölf Tafeln verhalte, wie die Sprache der Nibelungen zu der Luther's. So viel steht fest, dass der Ursprung unseres Hymnus, der in einem Monumente aus der Zeit Heliogabal's auf uns gekommen ist, auf die ältesten Zeiten zurückgeht, welche die römische Geschichte aufzuweisen hat. Denn nicht nur die Sprache, auch der Charakter dieses schwer verständlichen Liedes zeugt von einem ausserordentlich hohen Alter. Dass dieses uralte Lied auf uns gekommen ist, war freilich nur dem überaus conservativen Charakter der römischen Religion möglich, welche an den überlieferten heiligen Gesängen keinerlei Aenderung zuliess, obgleich dieselben nach dem Zeugnisse des Alterthums selbst den Dienern des Cultus so ziemlich unverständlich geworden waren. Was Quintilian in Betreff der Gesänge der Salier sagt, gilt durchaus auch von unserem Hymnus der Arvalbrüder; seine Worte aber sind diese: »Die Gesänge der Salier sind kaum den Priestern hinlänglich verständlich; aber daran zu ändern erlaubt die Religion nicht, und wie sie einmal geheiligt sind, so muss man sich ihrer bedienen[1].« Auf diese Weise also, Dank dem strengen Festhalten des römischen Cultus an den überlieferten Formen, ist in unveränderter Sprache, aus einem Zeitalter in das andere übergehend, ein Hymnus von einem solchen Alterthum auf uns gekommen, welches in den Augen der skeptischen Schule nur als ein mythisches dasteht.

Die Erklärung dieses schon dem Alterthum nicht mehr ganz verständlichen Hymnus wurde begonnen durch den italienischen Gelehrten Luigi Lanzi, den Marini nicht ohne Grund den Varro seiner Zeit nennt. Manche Gelehrte haben sich nach ihm mit mehr oder weniger Erfolg dieselbe Aufgabe gestellt. Das Verständniss des Hymnus der Arvalbrüder wird erschwert durch die Alterthümlichkeit der Sprache, die Originalität des Inhalts und die fehlerhafte Orthographie. Doch wollen wir versuchen, auch unsererseits eine Erklärung zu geben, indem wir dabei die von Anderen ausgesprochenen Ansichten im Auge behalten.

---

[1] Quint I, 6, 40. Cf. Hor. Ep. II, 1, 86.

Enos. Alte Form statt *nos*, deren vorgeschlagenes e seine Analogie in den griechischen Casibus obliquis ἐμοῦ ἐμοί ἐμέ, statt μοῦ μοί μέ, findet. Andererseits bietet *enos* einen directen Vergleichungspunkt mit skr. asmân gr. ἡμεῖς. Wir brauchen nicht hinzuzufügen, dass die Erklärung von Klausen[1]), welcher hier eine Interjectionspartikel zu sehen glaubt und damit Ecastor, Eceres, Ejuno, Equirine vergleicht, uns hier nicht zulässig erscheint. — Lases statt Lares. Varro[2]) sagt: »In vielen Wörtern, wo die Alten s sprachen, wurde nachher r gesprochen, wie *foedesum* foederum, *plusima* plurima, *meliosem* meliorem, *asenam* arenam, *ianitos* ianitor.«

Der erste Vers würde demnach bedeuten: »Uns, ihr Laren, stehet bei!«

Neve luerve (durch die Unwissenheit des Schreibers steht einmal *luaerve* in der Urkunde). Was luerve ist, zeigt sich nicht auf den ersten Blick. Doch giebt zunächst der Zusammenhang zu erkennen, dass es der Accusativ eines Substantivums ist, also luerve für luervem stehen muss. Schon Lanzi[3]) bemerkte, dass der Spirant *v* sich oft mit *r* verbindet. Ihm folgt Klausen, der als Belege anführt arvum von arare, parvum neben parum, wie auch alvus von alere u. s. w. Das Fehlen des *m* in der Endung des Accusativ ist im älterem Latein eine bekannte Thatsache[4]). Die Form ´luer(˘v)em aber erinnert an die Formen, wie Cererem, Venerem, cinerem u. s. w. Aus der Verbindung dieser beiden Thatsachen lässt sich der Schluss ziehen, dass luerve für luer(v)em oder, nach späterer Sprache, für luem steht. Bergk's[5]) Lesung

---

[1]) Ce carmine Fratrum Arvalium, p. 23.

[2]) De L. L. VII, 26 u. 27. Cf. VI, 2. Quint. 1, 4, 13; Fest. ed. Müll. p. 264. Vgl. Corssen: Ueber Aussprache u. s. w. I, p. 229 ff. (2. Ausg.).

[3]) Saggio di lingua Etrusca, 2ᵃ ed. Firenze, 1824, I, p. 110.

[4]) In der Grabschrift des Scipio Barbatus: Taurasia(m) (Cisauna(m) Samnio cepit, subigit omne(m) Lucana(m). Ritschl, Prisc. lat. mon. epigr. tab. XXXVII B; Mommsen, Inscr. Lat. ant., p. 16. In der Grabschrift eines anderen Scipio heisst es: Cepit Corsica(m) Valeria(m)que urbe(m) dedet tempestatebus aede(m) meretod. Ritschl. l. c. tab. XXXVIII E; Mommsen, I. L. ant. p. 18. Dieselbe Erscheinung, wie bekannt, begegnet uns auch im Umbrischen und Oskischen.

[5]) Zeitschrift für die Alterthumswissenschaft, 1856, N. 17, p. 132.

nevel verve erscheint uns willkürlich. Mommsen liest: Neve lue rue (luem, ruem)[1]).

Marmar (in einem Falle ist *Marma* geschrieben). Dass hier eine Verdoppelung des Wortes Mars vorliegt, ist klar; dieselbe begegnet uns auch im Oskischen, wo der Name des Gottes Mamers oder Mamercus heisst[2]).

Sins (ein Mal *sers*). Schon Lanzi[3]) bemerkte, dass *sins* für *sines* stehe, welches letztere wiederum eine ältere Conjunctivform statt *sinas* sei[4]). Corssen[5]) wie auch Hermann[6]) lesen *sers* oder *sirs* = *siris* = *siveris*. Die Bedeutung bleibt in beiden Fällen dieselbe, doch möchten wir *sins* schon deshalb vorziehen, weil es in der Urkunde zwei Mal geschrieben ist, während *sers* nur ein Mal dasteht. Uebrigens lässt sich *sins* auch als Imperativ erklären, wenn anders Festus im Recht ist, indem er *prospices* statt *prospice* anführt[7]).

In pleores. Marini[8]) ebenso wie Klausen[9]) und selbst Mommsen[10]) erklären *pleores* durch *plures*. Für Bergk[11]) ist diese Erkärung durchaus keinem Zweifel ihrer Richtigkeit unterworfen. Doch der Sinn des Verses lässt unmöglich eine solche Deutung zu. Augenscheinlich ist *pleores* eine ältere Form für *flores*. Dies hatte schon Lanzi bemerkt, indem er sagt: *In pleores: in flures o in flores*, come *Purii* per *Furii*[12]). Die Vertretung des *f* durch älteres *p*, die Mommsen[13]) leugnet, zeigt unser Hymnus auch noch in *triumpe* für *triumfe*, oder nach gewöhnlicher Schreibart *triumphe*. Beispiele dieses Lautwechsels zeigt die vergleichende Sprach-

---

[1]) Röm. Gesch. I, p. 217 u. 218; Ins. lat. antiq. p. 10.
[2]) Paul. Diac. ed. Müll. p. 137.
[3]) Saggio di lingua Etrusca, 2. ed. p. 110.
[4]) Fest. ed. Müll. p. 286: Recipie apud Catonem pro recipiam ut alia eiusmodi complura.
[5]) Orig. poes. Rom. p. 93.
[6]) Elementa doctrinae metricae, p. 615.
[7]) Fest. p. 205 ed. Müller.
[8]) Osservazioni, p. 604.
[9]) De carmine Fratrum Arvalium, p. 25.
[10]) Röm. Gesch. I, 218; Inscript. lat. antiq. p. 10.
[11]) Zeitschr. für die Alterthumswiss. 1856, p. 133.
[12]) Saggio di lingua Etrusca, 2. ed. I, p. 110.
[13]) Inscr. lat. ant. l. c.

forschung in grosser Anzahl, wie griech. $\sigma o \varphi ό ς$, lat. sapiens, gr. $\pi o \rho \nu\text{-}\varepsilon ύ \omega$, lat. forn-icor; skr. prathas, gr. $\pi λ ά \tau o ς$, zend. fratanh; slaw. пламя (plamja), lat. flamma; slaw. плачу (pla-ću), lat. fle-o = gr. $\varphi λ έ\text{-}\omega$ u. a.

Der zweite Vers, wie alle übrigen dreimal wiederholt, lautet demnach in der Uebersetzung: »Keine verderbliche Krankheit, o Mars, lass auf die Blüthen (blühenden Aehren) sich werfen!«

Satur fufere (ein Mal *furere*). Welche der beiden Lesarten ist die richtige? Marini liest furere und übersetzt: »Sazio d'infuriare, o Marte, salta il limitare e statti fermo, ovvero ci sii propizio«[1]). Ihm folgen Klausen[2]) und Grotefend[3]). Lanzi[4]) aber liest *fufere*; ebenso Hermann[5]) und Corssen[6]). Mommsen[7]) und mit ihm Bergk[8]) lesen *satur fu, fere Mars* und fassen nach unserer Ansicht richtig, *fu* als Imperativ von *fuo*[9]).

Limen Sali (ein Mal [Sal]e). Lanzi[10]) gibt die seltsame Erklärung $λύμην$ maris. Klausen[11]): tripudians limen pede feri. Grotefend[12]) glaubt *lumen solis* lesen zu müssen. Ihm folgt Corssen[13]). Mommsen[14]) erklärt das überlieferte *limen sali* durch *in limen insili*. Wir meinen das Richtige zu treffen, wenn wir *limen Sali* als »Wohnung des Saliers« erklären. Die Erwähnung der Salier in diesem Hymnus kann

---

1) Osservaz. p. 604.
2) De carm. Frat. Arv. p. 25.
3) Lat. Gramm. 3. Ausg. II, p. 286.
4) Saggio etc. I, p. 110.
5) Elementa doctrinae metricae, p. 613. *Fufere* steht nach Hermann statt *fueris*.
6) Orig. poes. Rom. p. 95.
7) Röm. Gesch. I, p. 217; Inscript. lat. antiquiss. p. 10.
8) Zeitschr. für die Alterthumsw. 1856, p. 135.
9) Ueber das Vorkommen dieses Verbums auch im Umbrischen und Oskischen, vgl. Rabasté, De la langue Osque, Rennes, 1865, p. 99; Fabretti, Glossarium Italicum, p. 529; Corssen, Ueber Aussprache, Vokalismus und Betonung der lateinischen Sprache, 2. Ausg. I, p. 143.
10) Saggio etc., I, p 110.
11) De Carmine Fratr. Arval. p. 25.
12) Lat. Gramm. 3. Ausg. II, p. 286.
13) Orig. poes. Rom. p. 96.
14) Röm. Gesch. I, p. 218; Inscript. lat. antiquis., p. 10.

um so weniger auffallen, da diese, wie bekannt, speciell dem Mars geweiht waren.

Sta berber. Lanzi[1]): *sta* per *sistere*. Corssen[2]) liest *esta* statt *estu* oder *aestu*. Mommsen[3]) erklärt: *sta! verbera* (limen)! Wir glauben mit Grotefend[4]) *berber* für *fervere* ansehen zu müssen. Auch Corssen[5]) ist dieser Ansicht. Es rechtfertigt sich diese Erklärung durch den dem Sinn des Liedes angemessenen Gedanken, der auf diese Weise heraus kommt, und sie steht in formaler Hinsicht mit den Erscheinungen des lateinischen Consonantismus nicht in Widerspruch, da erstens Wechsel zwischen b und f nicht ohne Analogie dasteht, wie z. B. ruber neben rufus, was sich noch deutlicher in den auf gleicher Lautstufe stehenden verwandten Sprachen zeigt, wie z. B. lat. tibi, umbr. tefe; lat. probe, umbr. prufe; lat. tribus, umbr. trifu; skr. wz. bhû = lat. fu = gr. φv = slaw. бы (by.); skr. wz. bhâ = lat. fa (fari) = gr. φa = slaw. ба (ba); skr. wz. bhûg = lat. fug = gr. $\varphi v \gamma$ = slaw. бѣя (bieg); gr. $\beta \rho \varepsilon \mu \omega$ = lat. fremo; griech. $\varphi \acute{v} \lambda \lambda o v$ = lat. folium = slaw. быліе (bylie) u. s. w. Zweitens ist Vertretung des v durch b in Folge einer in der späteren Kaiserzeit eingetretenen Modification der Aussprache, auf vielen mit der Aufzeichnung unseres Hymnus gleichzeitigen Inschriften[6]) eine bekannte Thatsache.

Der Sinn des dritten Gebetes würde also sein: »Lass ab, grimmer Mars, die Wohnung des Saliers (d. h. die Orte, wo der Salier dir dient, besonders das Römische Gebiet) höre auf erglühen zu machen!« Oder würde es sich besser empfehlen, *limen* als Vocativ zu fassen? Dann würde der letzte Theil dieses Verses lauten: »Du, Hort des Saliers, höre auf mit deiner Hitze!«

Die folgende Zeile bietet der Erklärung keine Schwierigkeit.

---

[1]) Saggio etc., I, p. 110.

[2]) Orig. poes. Rom. p. 96.

[3]) Röm Gesch. I, p. 218; Inscr. lat. antiquiss. p. 10.

[4]) Lat. Gramm. II, p. 286.

[5]) Orig. poes. Rom. p. 97.

[6]) Corssen, Ueber Aussprache, Vokalismus etc., 2. Ausg., I, p. 131 ff.

Semunis für Semones ist klar.

Alternei kann Nom. Plur. sein oder Adverbium. Auf letzteres scheint *alternip* zu deuten, welches ein Mal in der Urkunde steht, und so würde also *alternei* für *alterne*, i. e. *alternis* (versibus) stehen. Die Lesung Bergk's: si *mumis, àeterne pa, duo capit conctos*, ist sonderbar.

Advocapit wird meist als Imperativ gefasst und angenommen, es stehe für advocabite i. e. advocate. Einer solchen gewaltsamen Deutung können wir entgehen, nachdem wir oben Sali durch »Salierpriester« wiedergegeben haben. Aus diesem Genetiv entnehmen wir nämlich das Subject zu dem Futurum *advocapit* i. e. *advocabit*.

Conctos bedarf der Erklärung nicht.

Uebersetzung: »Die Semonen insgesammt wird er im Wechselgesang anrufen.«

Marmor (ein Mal *Mamor*). Die Identität mit dem oben vorgeführten *Marmar* dürfte unschwer zu erkennen sein. Doch halten sich Marini[1] und Lanzi[2] an die zweite Lesart und glauben darin den Namen des Mamurius zu finden, jenes Verfertigers der ancilia, der heiligen Schilde der Salier, der sich dafür nach der Erzählung Ovid's[3] die Ehre auserbeten haben soll, dass sein Name am Schlusse der heiligen Hymnen erwähnt werde. Aber bei Ovid ist offenbar nicht von den Gesängen der Arvalen, sondern der Salier die Rede.

»Uns, o Mars, stehe bei«!

Der Schluss unseres Hymnus besteht aus der fünfmaligen Wiederholung des Wortes *triumpe*, entsprechend der Fünfzahl der vorangegangenen Anrufungen. —

Obwohl wir hoffen, dass der grösste Theil des Hymnus von uns richtig verstanden wurde, können wir doch nichtfür die Richtigkeit der Erklärung eines jeden einzelnes Wortes bürgen.

Neben dem besprochenen Hymnus der Arvalbrüder sind uns drei Fragmente aus den religiösen Gesängen der Salier-

---

[1] Osservazioni, p. 605.
[2] Saggio etc. I, 111.
[3] Fest. III, 381:
    Tum sic Mamurius: merces mihi gloria detur
    Nominaque extremo carmine nostra sonent.

priester überliefert, die jenem Hymnus, was das Alter anbetrifft, durchaus ebenbürtig an die Seite gestellt werden können. Beide geistlichen Collegien, der Arvalen wie der Salier, gehören bereits der älteren Geschichte des römischen Staates an, ja ihrer Entstehung nach liegen sie ohne Zweifel noch über die Gründung Rom's hinaus. Freilich werden wir nicht mit Creuzer[1]) versuchen, den Ursprung der Cultusgebräuche der Salierpriester in Vorderasien, in Samothracien oder in Creta nachzuweisen, auch nicht einen Vergleich mit den Kabiren, Kureten und Korybanten durchzuführen: dazu müsste man eben die Gelehrsamkeit eines Creuzer besitzen; zudem liegt unsere Aufgabe nicht auf diesem Gebiete. Für uns genügt es zu zeigen, dass die Genossenschaft der Salier nicht nur eine altlatinische, sondern überhaupt eine italische Culteinrichtung ist und in Rom durchaus nicht als die einzige dasteht. So ist bekannt, dass die Salier in vier latinischen Städten bestanden, die viel älteren Ursprungs waren als Rom, nämlich in Tibur[2]), Tusculum[3]), Alba[4]) und Lavinium[5]). Ausserdem bezeugt Servius[6]) sogar das Bestehen der Salierpriester in dem tuskischen Veji. Nach der einen Ueberlieferung wurde diese Einrichtung aus Arcadien nach Italien übertragen; nach der andern brachte sie Aeneas aus Samothracien mit[7]). In jedem Falle also setzten auch die Alten den Ursprung der Salier vor die Gründung Rom's. Was aber Rom anbetrifft, so berichtete die Ueberlieferung, dass Numa, unter dem die Salier in Rom zum ersten Mal auftreten, der Stifter ihrer Genossenschaft sei[8]).

---

[1]) Symbolik, II, p. 980.
[2]) Serv. ad Virg. Aen. VIII, 285: Et Tiburtes etiam Salios dedicaverant. Orelli, Inscr. lat. No. 2249.
[3]) Serv. ibidem: Habuerunt sane et Tusculani Salios ante Romanos.
[4]) Orelli, Inscr. latin. No. 2247, 2248.
[5]) Mommsen, Inscript. Regn. Neap. No. 2211.
[6]) Ad Virg. Aen. VIII, 285: Quidam etiam dicunt, Salios a Morrio, rege Veientanorum institutos. Bei Muratori, 173, 6, kommt auch Salius Veronensis vor.
[7]) Fest. ed. Müll. p. 329; Serv. ad Virg. Aen. VIII, 85; Plut. Num. 13.
[8]) Liv. 1, 20; Cic. de Reg. II, 14; Dionys. II, 70; Plut. Num. 13; Ovid. Fast. III, 387; Flor. I, 2; Serv. ad Virg. Aen. VIII, 285; Paul. Diae. ed. Müll. p. 131; Diom. III. p. 476 (ed. Keil).

Capitel VI. Die Hymnen der Arvalbrüder (Carmina Fratrum

Das Hauptwerk über das Institut der Salier wurde im Anfange des vorigen Jahrhunderts von Gutberleth herausgegeben[1]). Auf ihm fussend, behandelten denselben Gegenstand Creuzer[2]), Zell[3]), Corssen[4]) und in der neuesten Zeit auch Marquardt[5]). Alles was die Zusammensetzung des Collegiums der Salier und ihre Cultusgebräuche betrifft, ist bereits genügend erforscht. Ueber diese den römischen Alterthumsforschern bekannten Dinge werden wir uns daher kurz fassen können, um die Besprechung jener geistlichen Gesänge der Salier (carmina saliaria, axamenta) einzuleiten, welche durch ihr alterthümliches Aussehen zugleich auch durch die vielen Räthsel, die sie der Erklärung bieten, eine so grosse Berühmtheit erlangt haben.

Ihren Namen haben die Salier (Springer), wie bekannt, von dem Springen oder Tanzen (salio, salto) bei ihren religiösen Aufzügen erhalten[6]). Am ersten Tage des neuen Jahres nämlich, d. h. am 1. März machten die Salier, voran der Vorspringer (praesul), der Vorsinger (vates)[7]) und der Obmann (magister), mit bunter Tunica und ehernem Panzer (aeneum pectori tegumen) bekleidet, eine helmartige Priestermütze (apex) auf dem Kopfe und die heiligen Schilde (ancilia) in den Händen, ihre Processionen durch die ganze Stadt unter Gesang, Springen und kriegerischen Tänzen. Numa soll die Salier, indem er aus den patricischen Familien 12 schöne Jünglinge auswählte, dem Mars (Marti Gradivo) geweiht haben[8]). Die Zahl 12 wurde mit Rücksicht auf die

---

[1]) De Saliis Martis Sacerdotibus apud Romanos. Francof., 1704. Wir benutzten dieses Werk nach dem Abdruck im V. Bande der Supplemente des Polenus zu Graevii Thesaurus antiquitatum Romanarum Graecarumque, Venetiis, 1737, p. 690 ff.

[2]) Symbolik und Mythologie der alten Völker, II, 980.

[3]) Ferienschriften. Freib. 1829, II, p. 106.

[4]) Origines poesis Romanae, p. 15.

[5]) Handbuch der Röm. Alterthümer. Leipz. 1856. IV, p. 369.

[6]) Varr. de L. L. V, 85: Salii a salitando, quod facere in comitio in sacris quotannis et solent et debent; Fest ed. Müll. p. 326; Ovid. Fast. III, 387; Serv. ad Virg. Aen. VIII, 663; Dionys. II, 70; Plut. Num. 13; Scol. ad Hor. Carm. I, 36.

[7]) Gutberleth, p. 702.

[8]) Liv. 1, 20: Salios item duodecim Marti Gradivo legit, tunicaeque pictae insigne dedit et super tunicam aeneum pectori tegumen coeles-

12 Monate des Jahres bestimmt[1]). Numa erbaute ihnen auch die Curie auf dem Palatin, woher sie den Namen »Palatinische Salier« (Salii Palatini)[2]) erhielten. Nachher setzte Tullus Hostilius 12 neue Salier ein, welche nach der Stätte ihres Cultus Salii Collini, auch Quirinales und Agonales oder Agonenses[3]) genannt wurden. Corssen ist der Ansicht, dass diese es auch gewesen seien, welche Salii Albani[4]) genannt wurden. Eine solche Vermuthung kann sich mit Recht darauf stützen, dass diese Vermehrung der Salier allem Anscheine nach in Verbindung steht mit der durch Tullus Hostilius vollführten Zerstörung von Alba longa, wo ein Collegium jener Priester des Mars ebenso vorhanden war, wie in Tusculum, Tibur und Lavinium. Auch darin liegt nichts Auffälliges, dass die aus Alba übergesiedelten Salier gerade auf den Quirinalis versetzt wurden. Die Meinung von Zell dagegen, nach welcher die albanischen Salier eine dritte Genossenschaft dieses Cultus in Rom gebildet und demnach die Gesammtzahl der römischen Salier aus 36 Mann bestanden hätte[5]), hat keine starken Gründe für sich.

Der Gott, dessen Dienste sich die Salier weihten und den auch die Arvalbrüder verehrten, ist Stammgott aller italischen Völker, Mars, die belebende und erwärmende Kraft in der Natur, der Gott des Frühlings und der Befruchtung, zugleich aber auch der furchtbare Gott des Todes, der Dürre, der Bestrafer der Feinde derer, die seinem Dienste sich widmen, immer bereit zum Kampfe, Mars Gradivus. Doch dient der Salier auch anderen grossen Göttern, mit Ausnahme der Venus[6]), weil diese Göttin in jener ältesten Zeit, welcher die Hymnen der Salier ihren Ursprung verdanken, noch nicht in

---

tiaque arma, quae ancilia appellantur, ferre ac per urbem ire canentes carmina cum tripudiis solemnique saltatu iussit.

[1]) Joh. Lyd. de Mens, IV, 2: Κατὰ τὸν τῶν 'Ιταλικῶν μηνῶν ἀριθμόν.

[2]) Dionys. II, 70. Orelli, Inscr. lat. No. 2242 ff. Cf. auch Gurberleth, p. 696.

[3]) Dionys. l. c.; Paul. ed. Müll. p. 10; Varr. VI, 14; Orelli No. 2245; Gutberleth, p. 698.

[4]) Origines poesis Romanae, p. 26.

[5]) Ferienschriften. II, p. 106.

[6]) Macrob. Saturn. I. 12, 12: Ne in carminibus quidem Saliorum Veneris ulla, ut coterorum coelestium, laus celebretur.

den römischen Cultus aufgenommen war. Aus der Reihe der übrigen Götter wird in den Ueberresten der Salischen Gesänge Janus erwähnt. Paulus Diaconus bemerkt ausdrücklich, dass die Hymnen der Salierpriester an verschiedene Gottheiten gerichtet seien und führt als solche Janus, Juno und Minerva an[1]). Macrobius erwähnt aus den Salischen Gesängen auch die Verherrlichung des Jupiter, der hier Lucetius d. h. Lichtgott genannt worden sei[2]). In dem bei Terentius Scaurus aufbewahrten Fragmente, welches unten näher zu besprechen sein wird, dürfen wir in dem corrumpirten Worte Leucesiae kühn eine Bestätigung für die Angabe des Macrobius sehen, dass Jupiter von den Saliern unter dem Namen Lucetius besungen und angerufen worden sei. Nach dem Zeugnisse Tertullian's wurde von den Saliern auch Saturnus verehrt[3]). Erwähnt wird ferner die Göttin Lucia Volaminia[4]). Aller Wahrscheinlichkeit nach wurden auch noch viele andere Götter in den heiligen Hymnen verherrlicht und angerufen, namentlich die Götter der Naturkräfte und diejenigen, welche nach dem römischen Kalender während der Festtage der Salier zu verehren waren[5]). Ausserdem ist bekannt, dass in den Hymnen auch der Verfertiger jener eilf kunstreichen ancilia, Veturius Mamurius, gepriesen wurde[6]). In späteren Zeiten wurden in die Salischen Hymnen auch die Namen der Kaiser und einzelner Familienmitglieder derselben aufgenommen, wie Augustus, Germanicus, Verus[7]) u. a.

---

1) Paul. Diac. ed. Müll. p. 3 : Axamenta dicebantur carmina saliaria .. Nam in deos singulos versus ficti a nominibus eorum appellabantur ut Janualii, Junonii, Minervii.

2) Saturn. I, 15, 14: Cum Jovem accipiamus lucis auctorem, unde et Lucetium Salii in carminibus canunt.

3) Apolog. 10: Saturnus in Italia acceptus a Jano vel Jane, ut Salii volunt.

4) Varr. de L. L. IX, 61: Videmus... Luciam Volaminiam carminibus Saliorum appellari.

5) Vgl. Corssen, Origines poes. Roman. p. 27 ff.

6) Paul. Diac. ed. Müll. p. 131: Probatum opus est maxime Mamuri Veturi, qui praemii loco petiit, ut suum nomen inter carmina Salii canerent. Varr. de L. L. VI, 45: Itaque Salii quod cantant *Mamuri Veturi*, significant veterem memoriam. Plut. Num. 13; Ovid. Fest. III, 260 u. 392,

7) Monum. Ancyr. 10, 21 ed. Mommsen; Tac. Ann. II, 83; Dio Cass. LI, 20, Jul. Capit. Vit. Anton. 21 u. 4.

Gemäss ihrer Bestimmung, dem Gotte Mars zu dienen, feierten die Salier ihr Hauptfest in dem diesem Gott geheiligten Monat März[1]). Dasselbe begann mit dem ersten Tage des Monats[2]) und dauerte viele Tage hindurch[3]), ja nach Angabe des Polybius[4]) 30 Tage. Zunächst ist uns so viel bekannt, dass die Salier auch am 9. März ihr Fest begingen, wie es in einem Kalender aus der Zeit des Constantius[5]) angemerkt ist; nach demselben Kalender aber feierten die Salier auch den 14. März (pridie Idus)[6]), welches jener dem Mamurius geheiligte Tag (Mamuralia) war, von dem Servius[7]) spricht. Sehr möglich ist es also, dass das Zeugniss des Polybius mehr oder weniger richtig ist; wenigstens lässt sich mit Sicherheit behaupten, dass das Fest der Salier bis auf den 19. März einschliesslich ausgedehnt war, d. h. bis zum ersten der 5 Festtage (Quinquatrus) zu Ehren der Minerva, über deren Feier durch die Salier wir ein bestimmtes Zeugniss des Charisius haben[8]). Auf diese Weise erklären sich die Salischen Hymnen zur Verherrlichung der Minerva[9]). Da nun der 30. März dem Janus geweiht war, dem Gotte, der auch in den uns erhaltenen Fragmenten der Saliergesänge gepriesen wird, so erscheint es nicht auffällig, dass die Feste der Salier in der That während des ganzen Mars-Monates dauerten, wenn auch vielleicht mit einigen Unterbrechungen.

Die Hauptfeierlichkeit der Salier bestand darin, dass sie in dem oben beschriebenen Aufzuge, die heiligen Schilde in den Händen, in Chöre getheilt, in Procession vom Palatin zum

---

[1]) Dionys. II, 70: Ἑορτή δ' αὐτῶν ἐστι περὶ τὰ Παναθήναια ἐν τῷ καλουμένῳ Μαρτίῳ μηνὶ δημοτελὴς ἐπὶ πολλὰς ἡμέρας ἀγομένη etc.; Plut. Num. 13.

[2]) Ovid. Fast. III, 259, Kalend. bei Merkel in der Ausgabe der Fast. Ovid. p. LX u. CLXX. Cf. Gutberleth, p. 716.

[3]) Dion. II, 70; Liv. XXXII, 33; Fest. ed. Müll. p. 329; Tac. Hist. 1, 89 Suet. Oth. 8.

[4]) Excerpt. legat. 23.

[5]) Vgl. Gutberleth, p. 716.

[6]) Gutberleth, ibid.

[7]) Ad Virg. Aen. VII, 188: cui (Mamurio) et diem consecrarunt.

[8]) Inst. Gramm. I, p. 81 (ed. Keil): Eo die arma ancilia lustrari sunt solita.

[9]) Paul. Diac. ed. Müll. p. 3.

Forum sich begaben, von dort auf das Capitol und von hier, unter Tanzen, Anschlagen der ancilia und Absingen der heiligen Hymnen[1]), durch die ganze Stadt[2]); nur während der Nacht wurde Halt gemacht und die heiligen Schilde in den eigens erbauten Lagerstellen (mansiones)[3]) aufbewahrt. Ueppige Schmausereien und Gelage waren ebenfalls mit der Feierlichkeit verbunden. Wie es in früherer Zeit um den Luxus bei diesen Festmahlen stand, wissen wir nicht; in der Folge aber nahm er so sehr überhand, dass »Saliarische Mahlzeiten« sprichwörtlich wurden[4]).

Die heiligen Hymnen der Salierpriester, welche bei der Procession in der Stadt gesungen wurden, hatten die specielle Bezeichnung *axamenta*[5]). Seit Scaliger hat die Etymologie dieses Wortes die Gelehrten beschäftigt. Einige leiten es von einem Verbum axare, Andere von axis her. Scaliger[6]) giebt bald die eine, bald die andere an, Gutberleth[7]) folgt der letzteren. Auch in neuerer Zeit ist man über diesen Punkt nicht einig. Corssen[8]) will beide vereinigen. Unsere eigene Ansicht über diese Ableitung ist folgende. Das Wort *axamenta* (aus dem Sing. axamentum) setzt augenscheinlich ein Verbum *axare* voraus, wie testamentum von testari, documentum von docere, levamentum von levare u. dergl. Axare erklärt Paulus Diaconus laconisch durch *nominare*.. Woher kommt aber *axare*,

---

1) Dion. II, 70.
2) Liv. I, 20; Dion. l. c.; Plut. Num. 13.
3) Vgl. Gutberleth, p. 720.
4) Cic. ad Att. V, 9: Cum opipare Saliarem in modum epulati essemus... Horat. Carm. 1, 37:
    Nunc est bibendum, nunc pede libero
    Pulsanda tellus, nunc Saliaribus
    Ornare pulvinar deorum
    Tempus erat dapibus, sodales.
Der Scholiast macht zu dieser Stelle solche Anmerkung: Saliares caenae, quas Salii sacerdotes faciebant, dicuntur amplissimi sumptus fuisse; unde et *in proverbio erat* Saliares caenas dicere opipares et copiosas. Fest. ed. Müll. p. 329. Vgl. auch Gutberleth, p. 742.
5) Paul. ed. Müll. p. 3: Axamenta dicebantur carmina Saliaria, quae a Saliis sacerdotibus canebantur, in universos homines composita.
6) Vgl. Gutberleth, p. 726.
7) Ibid.
8) Origines poesis Romanae, p. 46.

oder, nach der ursprünglichen Schreibung, *acsare?* Die Wurzel ist ac-s, folglich dieselbe, welche auch bei axis = ἄξων[1]) zu Grunde liegt. Axis geht augenscheinlich auf denselben Stamm zurück wie ag-ere, welches bedeutet »in Bewegung, in Wirkung setzen.« Ac-s-are nun stellt sich als Frequentativ von *agere* dar (man denke an die Form axim für egerim), wie pul-s-are von pell-ere, und ist also gleichbedeutend mit *agitare;* demnach *axamenta* = *agitamenta.* Die Ableitung geht also durchaus auf *agere* zurück, welches in verschiedenen Verbindungen die Grundbedeutung »in Wirkung setzen« zeigt: agere jus, agere fabulam, agere (hostiam[2]), agere gratias, und endlich agere = orare[3]). Auf diese Weise kommen wir, freilich auf etwas anderem Wege, zu demselben Schlusse wie Corssen[4]), dass *axamenta* (agitamenta) etwa dasselbe bedeutet wie *indigitamenta* d. h. Anrufungen der Götter, Verse und Gesänge, welche als Gebete und Lobeshymnen dienten; obgleich die Etymologie bei beiden Wörtern eine verschiedene ist[5]). Dies waren die Hymnen, welche gewöhnlich als *carmina Saliorum* oder *Saliaria* bezeichnet werden.

Diese *carmina Saliaria,* von denen uns bei den alten Autoren drei Fragmente und mehrere einzelne Worte aufbewahrt sind, zogen schon im Alterthum die Aufmerksamkeit der Gelehrten auf sich, weil sie sich als eine ausserordentliche alterthümliche Erscheinung darstellten, ein Beispiel des ursprünglichen poetischen Schaffens, wo, nach dem Ausdrucke des Varro[6]), Romanorum prima verba poëtica dicuntur prolata. Sie interessirten die Gelehrten durch ihre eigenthümliche Sprache, welche zu jener Zeit selbst den Salierpriestern schwer verständlich[7]), den Laien aber, selbst Gebildeten durchaus unverständlich war, obgleich Liebhaber der Alterthums-

---

[1]) ἄξονες hiessen die Solonischen Gesetze, die auf Täfelchen geschrieben waren, welche sich um eine Achse drehten.
[2]) Ovid. Fast. I, 322.
[3]) Paul. Diac. ed. Müll. p. 169.
[4]) Orig. poes. Rom. p. 46.
[5]) S. das Capitel III, p. 59.
[6]) De L. L. VII, 3. Cf. Isid. Orig. IX, 1: Prisca lingua est, qua vetustissimi Italiae sub Jano et Saturno sunt usi incondita, ut se habent carmina Saliorum; Sid. Apoll. Ep. VIII, 16; Symmach. Ep. III, 44.
[7]) Quint. I, 6, 40.

forschung sich oft die Miene gaben, diese ältesten Gesänge zu verstehen, wie Horaz[1]) sagt:

Iam Saliare Numae carmen qui laudat et illud,
Quod mecum ignorat, solus vult scire videri.

Doch gab es unter den Gelehrten auch solche, die sich auf ernste Weise mit der Erklärung und Auslegung der Salischen Hymnen beschäftigten; so unter anderen berühmten Grammatikern aus der letzten Zeit der Republik der Lehrer des Varro, Aelius Stilo; aber auch für ihn, wie Varro[2]) berichtet, gab es vieles Unverständliche. Er hat auch eine »Auslegung der Salischen Gesänge« (interpretationem carminum Saliarium) geschrieben[3]). Wie mager auch immer diese Erklärungen gewesen sein mögen, so würden wir sie doch mit grosser Dankbarkeit angenommen haben, wenn das Schicksal sie bis auf unsere Zeit bewahrt hätte. Aller Wahrscheinlichkeit nach hätten uns diese Erklärungen von manchen Schwierigkeiten befreit, und ohne Zweifel würden sie die reellste Grundlage für die Wiederherstellung der uns erhaltenen Fragmente aus den Saliergesängen abgeben; doch leider sind uns von der ganzen Arbeit jenes Gelehrten nur einige fragmentarische Worte geblieben. So wissen wir, dass er die Worte *molucrum*, *manuos*, *pescia* erklärt hat, ausserdem den Ausdruck *Salias virgines*[4]). Andere Erklärungen einzelner Worte aus den Salischen Gesängen finden sich bei Varro, Festus, Macrobius und Quintilian. Dies ist Alles, was uns aus alten Schriftstellern bei der Wiederherstellung und Erklärung der Fragmente aus den Saliergesängen helfend zur Seite steht.

Die Sammlung dessen, was aus den Hymnen der Salier auf uns gekommen, wurde bereits von Gutberleth veranstaltet[5]). In jüngster Zeit suchten sie Corssen[6]) und Bergk[7]) zu ver-

---

[1]) Ep. II, I, 86.
[2]) De L. L. VII, 2: Aelii hominis in primo in literis Latinis exercitati interpretationem carminum Saliarium videbis et exili litera expeditam, et praeterita obscura multa.
[3]) Varro, ibid.
[4]) Fest. ed. Müll. p. 141, 146, 210, 329.
[5]) De Saliis Martis sacerdotibus apud Romanos, p. 730 ff. im V. Bande der Supplementa des Polenus zu Graevii Thesaur. antiqu. Romanarum Graecarumque. Venet. 1737.
[6]) Origines poesis Romanae, p. 55 ff.
[7]) De carminum Saliarium reliquiis. Marb. Progr. 1847.

vollständigen. Für unsern Zweck erscheint es genügend, aus diesen Ueberresten der Poesie und Sprache des Zeitalters des Janus und Saturnus (wie sich der Grammatiker Isidor[1]) mit Rücksicht auf die Saliergesänge ausdrückt) bloss die Fragmente der Gesänge vorzuführen und zu erklären, da das Verzeichniss der sogenannten Salischen Worte nicht nur von Gutberleth angefertigt worden, sondern nachher auch von Corssen und Bergk.

Das erste der erhaltenen Fragmente der Saliergesänge, welches bei Varro enthalten ist, lautet nach der Ausgabe von Müller[2]) so:

Divum emta cante, divum deo supplicante.

Statt *empta* oder *emta*, welches in der Handschrift (H) steht, lesen die Gelehrten gewöhnlich *exta*. Corssen[3]) bemüht sich die Lesung empta etymologisch zu erklären und führt für seine Erklärung folgende Auslegung des Paulus Diaconus[4]) an: Abemito significat demito vel auferto. Emere enim antiqui dicebant pro accipere. Daraus, dass *emere* ursprünglich »nehmen« hiess (emere = slaw. ꙗмь) zieht Corssen den Schluss, dass empta die herausgenommenen d. h. die ausgewählten Theile der Eingeweide der den Göttern geopferten Thiere bedeute[5]). Diese Erklärung von Corssen ist ohne Zweifel sehr geschickt, doch leistet sie noch keine Gewähr, dass die Salier wirklich *empta* statt *exta* gesungen haben, sondern erklärt nur die in die Spengel'sche und Müller'sche Ausgabe des Varro aufgenommene Lesart. Auf einen ganz anderen Standpunkt stellt sich Bergk[6]), indem er folgende Lesung vorschlägt: *Divum em pa cante* und annimmt, dass *em* für *in* und *pa* für *patrem* stehe. Wir finden diese Aenderung zu gewagt und wollen deshalb nicht dabei ver-

---

[1]) Orig. IX, 1.

[2]) Varr. de L. L. VII, 27.

[3]) Orig. poes. Rom., p. 55.

[4]) Paul. ed. Müll. p. 5.

[5]) Corssen, ibid.: Quamobrem *Empta divum* in sacris eadem esse videntur atque *Excipua* h. e. quae excipiuntur et *Exdecimata* h. e. electa vel *Ablegmina*, partes extorum quae diis immolantur.

[6]) Zeitschrift für die Alterthumswissenschaft, 1856, p. 138.

weilen. Auf anderm Wege versucht Grotefend[1]) die Wiederherstellung, indem er liest: *Divom empete* (d. h. impetu divino) *cante;* doch ist diese Lesung augenscheinlich nicht weniger kühn als die eben angeführte. Woher das Wort *empete* komme und wie ein solches Wort sich bilden konnte, hat Grotefend zu erklären sich nicht veranlasst gesehen. Am einfachsten wäre es *empta* oder auch *exta* zu lesen; das letztere erscheint als das Natürlichere. Möglich wäre auch die Lesung *templa*, welches in den spätern Handschriften sich leicht zu *empta* entstellen konnte. Doch ist es schwer, hier eine sichere Entscheidung zu treffen; wir unsrerseits bleiben bei *templa*. — *Cante* steht statt *canite*, wie es auch Varro erklärt[2]). Beispiele des Ausfalls eines kurzen i sind nicht selten, wie *ferte* statt ferite, *lamna* statt *lamina*. — Den Ausdruck *divum deo* erklärt uns Macrobius, der ausdrücklich sagt, dass in den Salier-Gesängen unter dem Namen »Gott der Götter« Janus verehrt worden sei[3]). — Statt *supplicante* wollten Scaliger, Gutberleth und andre Gelehrten *supplice cante* lesen. Und in der That kann supplicante nichts anderes sein als wofür jene Gelehrten es nahmen; denn zu der Annahme einer zweifachen Form des Adverbiums (supplice neben suppliciter) berechtigen uns Analogien wie *severe* neben *severiter*, *blande* neben *blanditer* und umgekehrt *celeriter* neben *celere*[4]). Demnach würde der angeführte Vers aus dem Hymnus der Salier bedeuten:

»Singt der Götter Tempel, fleh't zum Gott der Götter!«

Das zweite Fragment, ebenfalls bei Varro[5]), ist ausserordentlich dunkel. In der Ausgabe von O. Müller (nach welcher wir Varro stets citiren) lautet dasselbe so:

Cozeulodoizeso; omnia vero adpatula coemisse Jamcusianes duo misceruses dun Janusve vet pos melios

---

[1]) Rudimenta linguae Umbricae, Hann. 1836, II, p. 20.
[2]) De L. L. VII, 27: Canite, pro quo in Saliari versu scriptum est cante.
[3]) Saturn. I, 9, 14: Saliorum quoque antiquissimis carminibus deorum deus canitur (Janus).
[4]) Vgl. Gutberleth, p. 731.
[5]) De L. L. VII, 26.

eumrecum ... (einige Zeilen sind in der Handschrift ausgefallen.)
O. Müller hält sich nicht für berechtigt an dieser Lesung des Florentiner Codex des Varro irgend etwas zu ändern. Eine besondere Schwierigkeit bietet der Anfang des Fragments: Cozeulodoizeso, oder nach andern Handschriften coreulodorieso, cozeulodorieso, corculodori ē. Grotefend liest cozoiauloidoz eso und erklärt dieses durch choroiauloidos ero [1]). Düntzer und Lersch [2]) lesen: Cosam ludo sies. Corssen [3]) verbessert die Stelle so: Cozeulo dori eso. Nach seiner Erklärung steht cozeulo für coceulum oder coculum und bedeutet das Geschirr, in welchem die Eingeweide der Thiere gekocht wurden, dori stehe statt dari, eso statt esum. Der Sinn der Worte sei also der: »*esum* (h. e. cibum sacrum) *in coceulum dare*, h. e. imponere.« Wir gestehen unsere Unfähigkeit eine entscheidend richtige Emendation vorzubringen und begnügen uns einstweilen mit dem Versuche Corssens, dem der Anschein der Richtigkeit nicht abzusprechen ist. Die folgenden Worte der Ueberlieferung sind einer Erklärung eher fähig. *Omnia vero ad patula*: Scaliger [4]) liest *omnia dapatilia* (von daps, also »alle Speisen«). Diese Lesung nimmt auch Gutberleth [5]) an. Die neuern Erklärer lesen hier *omina ad patula*. Unter *omina* versteht Corssen [6]) alle diejenigen Früchte und Speisen, welche dem Janus zum Opfer dargebracht wurden, unter *patula* aber *templa* des Janus, welche nach dem Ausdruck des Ovid [7]) *patent*. Doch sehen wir keine Nothwendigkeit, das *omnia* der Handschriften in *omina* zu verändern, da ja auch unter *omnia* alles das verstanden werden kann, was Corssen unter *omina* versteht. — *Coemisse* ist, wie es scheint, nicht als *comesse* (von comedo) zu fassen, wie Scaliger thut, sondern mit Corssen [8]) von *coemere* in der Bedeutung con-

---

[1]) Rudimenta linguae umbricae, II, p. 20.
[2]) De versu, quem vocant, Saturnio. Bonnae, 1838, p. 37.
[3]) Orig. poes. Rom. p. 56.
[4]) Conject. ad. Varr. de L. L. p. 188.
[5]) Gutberleth, p. 732.
[6]) Orig. poes. Rom. p. 57.
[7]) Fast. I, 181.
[8]) Orig. poes. Rom. p. 57.

cipere, colligere, conferre herzuleiten. Nach der Erklärung Scaliger's, dem auch Gutberleth folgt, würden die Speisen der Opfer verzehrt worden und dann erst Janus aufgetreten sein, nach der letzteren Auslegung aber tritt Janus auf, nachdem seine Diener ihm die Früchte zur Segnung dargebracht haben. — *Jamcusianes* der Florentiner Handschrift ist *Jani Cusiones* wie es von selbst deutlich ist; *Cusiones* oder *Curiones* sind die geistlichen Vertreter der Curien. — *Duo misceruses* des Florentinus findet seine Emendation in der Lesart anderer Codices, welche dafür *duonus ceruses* bieten[1]). *Duonus* ist die alte Form für *bonus*[2]), wie duellum für bellum, duis für bis. *Ceruses* muss man als Verlängerung von *cerus* ansehen, welches *creator* bedeutet[3]). Dies bemerkt schon Scaliger[4]), indem er damit gnarus = gnarures vergleicht. Also *ceruses* = *cerures*[5]) = *cerus* bedeutet *creator*. Düntzer und Lersch[6]) lesen *duonis Cerusis* (bonis Cereris). — Was *dun* sei, ist schwer zu entscheiden. Scaliger und Turnebus lesen *Divius*[7]); einige Gelehrte wollen daraus die Conjunction *dum* machen, wie Düntzer und Lersch[8]); andere *dunque*, wie Grotefend[9]). Corssen liest *dunus*, worin er eine Verkürzung der Form *duonus* zu erkennen glaubt[10]). Die Varianten der Handschriften (dum, dunzianus) bieten uns hier keine sichere Stütze. Das wahrscheinlichste dürfte sein, dass hier *duonus* in der vollen Form wiederholt wird, nicht, wie Corssen meint, in der abgekürzten. — Es folgt im Florentiner Codex *Janusve vet* (in andern vevet und venet). Scaliger's Aenderung *Janusque* erscheint willkürlich. Die Sylbe *ve* verbindet man am besten mit dem folgenden vet, doch so, dass nicht vevet,

---

[1]) Müll. ad Varr. de L. L. p. 129.
[2]) Paul. Diac. ed. Müll. p. 67.
[3]) Paul. Diac. ed. Müll. p. 122: In carmine Saliari cerus manus intellegitur creator bonus. Varr. de L. L. VI, 81: Cerno a cereo, id est a creando.
[4]) Vgl. Gutberleth, p. 733.
[5]) Varr. de L. L. VII, 27.
[6]) De versu, quem vocant, Saturnio, p. 37.
[7]) Vgl. Gutberleth, p. 733.
[8]) De versu, quem vocant, Saturnio, p. 37.
[9]) Rudimenta linguae Umbricae, II, p 20.
[10]) Origines poes. Rom. p, 58.

sondern, wie eine der Handschriften des Varro (codex Hauniensis) hat, *venet* gelesen wird. Scaliger liest *venit;* ihm folgen Düntzer und Lersch, während Corssen das handschriftliche *venet* beibehält. Dass diese Form mit der älteren Orthographie übereinstimmt, zeigen andere, wie dedet, fuet. — Die folgenden Worte entziehen sich gänzlich dem Verständniss. Corssen will lesen *Pommelios; eum recum . . .* einen Sinn aber können wir hierin nicht entdecken.

Soweit uns das Ueberlieferte verständlich erscheint, würde die Bedeutung sein:

»... Die Curionen des Janus haben Alles zu seinen geöffneten Tempeln gebracht; der gnädige Schöpfer, der gnädige Janus kommt[1]).

Das dritte Fragment endlich steht bei dem Grammatiker Terentius Scaurus[2]) und lautet: Cume ponas Leucesiae praetexere monti quotibet cunei de his cum tonarem.

Dieses Fragment, welches in der überlieferten Gestalt gar keinen Sinn giebt, schreckte die Gelehrten so sehr zurück, dass nur von wenigen eine Wiederherstellung und Erklärung versucht wurde. G. Hermann gesteht ausdrücklich, dass er Nichts weiter sehe, als dass von der Stadt Luceria (sic!) die Rede sei[3]). Grotefend, der hier nicht mehr als Hermann verstand, wagte eine Emendation auf folgende Weise:

Cumé poinas Leucósiaé praetexere mónti . . .
Quo tíbe ti(mebas) únei de hís, cume tonárem[4])?

Düntzer und Lersch[5]) bieten folgende Lesung:
Cumé tonás, Leucétie, praétexére monti toti.
Cúme índe hís tonárem.

Corssen[6]) endlich glaubt mit grosser Zuversicht, das Richtige getroffen zu haben, indem er liest:
Cume tonas, Leucésié, praetexere mónti,
Quó tibimet cuneí déhiscunt, orámen.

---

[1]) Folgende seltsame Wiederherstellung des Ueberlieferten gibt Ad. Helfferich: »Der altrömische Kalender«, Frankfurt a. M. 1869, p. 106: Osculor ore far, omnia viro adpatulo coemisse Janusianae domus cerealis. Bonus Janus favet qom melius eum recompenses.

[2]) De Orthograph. ed. Putsch. p. 2261.

[3]) Elementa doctriae metricae p. 612.

[4]) Rudimenta linguae Umbricae II, p. 20.

[5]) De versu, quem vacant, Saturnio, p. 36.

[6]) Origines poesis Romanae, p. 59.

Derselbe giebt auch eine metrische Uebersetzung seines Textes[1]):

Wenn Du o Lichtgott donnerst, sprechen wir dem Berge,
Wo Deine Donnerkeile bersten, den Sühnspruch vor.

Wir bitten den Leser, uns einen Verbesserungsvorschlag zu erlassen, da wir bei dem besten Willen keinen evident richtigen finden können. Versuche freilich kann man machen; aber die Ueberzeugung zu gewinnen, dass dieses Fragment, in welchem Terentius Scaurus selbst nichts anderes verstand als *cume* (für quum), weswegen er überhaupt Veranlassung nahm es anzuführen, und welches dann überdies in der handschriftlichen Ueberlieferung auf das Aergste entstellt ist, mit zweifeloser Sicherheit auf die eine oder andere Weise zu emendiren sei, dies, so behaupten wir, ist unmöglich. Klar ist nur so viel, dass hier von Jupiter die Rede ist, der, wie schon bemerkt, nach dem Zeugnisse des Macrobius[2]) in den Gesängen der Salier *Lucetius* genannt wurde, von Jupiter, der Blitz und Donner auf die Erde entsendet; ferner von einem Berge, von wo Jupiter's Donner ausgehen. Das Uebrige aber wird je nach der vorgenommenen Aenderung einen verschiedenen Sinn geben.

---

[1]) Ibid. p. 85.
[2]) Saturn. I, 15, 14.

Schlussbemerkung.

Aus Allem, was wir über die Anwendung der Schrift bei den Römern zur Zeit der Könige gesagt haben, wird jeder nicht voreingenommene Leser, wie wir glauben, die unzweifelhafte Ueberzeugung ableiten, dass der Gebrauch der Schrift in jenen entfernten Zeiten in der That bestand, als eine nothwendige Erscheinung, die durch die staatliche Organisation und das religiöse Leben des römischen Volkes bedingt war. Die Schrift fand ihre Anwendung einerseits in den Gesetzen, Bündnissen und Verträgen, andererseits in den Ritual- und Gebetbüchern verschiedener geistlichen Collegien, welche in Rom eine ausserordentlich frühe Entwickelung erhielten. Der Haupttheil an dieser kirchlichen Verwendung der Schrift fällt auf das Collegium der Pontifices, welche schon in den ältesten Zeiten die hervorragendste Bedeutung in der römischen Hierarchie erlangten und denen daher schon unter den Königen die Sorge für die Angelegenheit des römischen Cultus und seine Regelung anvertraut war. Die Strenge dieses Cultus aber war so gross, dass in Betreff dessen, was bei Verrichtung der Ceremonien und Lesung der Gebete einmal festgesetzt war, überhaupt niemals — und am allerwenigsten in der ältesten Zeit — auch nur die geringste Abweichung zugelassen wurde. Dies war der Grund, weshalb in Rom auch die Priestercollegien des zweiten Ranges, wie die Arvalen und die Salier, ihre eigenen Bücher führen mussten, in denen, wie anzunehmen ist, nicht nur die vorgeschriebenen Ceremonien für ihre religiösen Verrichtungen verzeichnet waren, sondern auch die für die speciellen Gottheiten des betreffenden Collegiums bestimmten Gebete. Diese Gebete und Lieder waren, wie ihre Sprache bezeugt, in sehr alter Zeit verfasst und konnten sich in ihrer ursprünglichen Gestalt, wie es die Religion forderte, aus einem Zeitalter in das andere doch nur durch die Schrift erhalten. Wenn aber erwiesen ist, dass selbst solche Collegien wie die Arvalen und Salier seit den ältesten Zeiten ihre eigenen Ritual- und Gebetbücher führten, so berechtigt uns dies zu der Annahme, dass auch andere geistliche Genossenschaften ebenfalls seit der ältesten Zeit mit der Anwendung der Schrift zu ihren Zwecken vertraut waren. In Betreff des Collegiums der Augurn können wir dies mit um so grösserer Zuversicht aussprechen, da nicht wenige Zeugnisse über seine Bücher und Commentare auf uns gekommen sind. Freilich beziehen sich die Angaben der Schriftsteller, welche diesen Gegenstand berühren, auf die spätere Zeit, und man kann uns immerhin einwenden, dass zur ältesten Zeit die Augurn auch ohne Bücher auskommen konnten, um so mehr als ihre disciplina vor allem die praktische Erlernung ihres Amtes verlangte. Aber in Anbetracht dessen, was wir über die Anwendung der Schrift in anderen geistlichen Collegien beigebracht haben, kann man sich schwerlich der Annahme entziehen, dass auch bei den Augurn die schriftlichen Aufzeichnungen sehr früh begannen. Das Fehlen aller handgreiflichen Facta zur Entscheidung dieser Frage war für uns der Grund, von einer Besprechung derselben abzustehen und diese Untersuchung der Combinationsgabe scharfblickender Forscher zu überlassen. Ueber die Anwendung der Schrift bei anderen geistlichen Collegien haben wir entweder gar keine Nachrichten, oder nur solche über nichtlateinische Ritualbücher, wie dies z. B. von den Haruspices gilt, deren Ursprung und Einrichtungen stets etruskisch blieben, und von den Zweimännern (später 10- und endlich 15-Männern), welchen Tarquinius Superbus die Aufsicht über die in griechischer Sprache geschriebenen Sibyllinischen Bücher anvertraute.

Berichtigungen,

welche nach Vollendung des Druckes gemacht sind.

Seite	Zeile	statt	ist zu lesen
2	Anm. 3)	Jahn	Jan.
3	2 v. u.	der Tarquinius	der Tarquinier
4	9 v. o.	einen Gelehrten	einem Gelehrten
4	10 v. u.	nach Müller	(nach Müller)
4	8 v. u.	italienischen	italischen
8	2 u. 21 v. o.	lateinischen	latinischen
10	16 u. 18 v. o.	italienischen	italischen
10	19 v. u.	Laurentinum	Laurentum
11	2 v. u.	welches nach Rom seit	welches seit
11	8 v. u.	entwickelt	entwickelte
12	2 v. o.	durchgeführt	regelmässig durchgeführt
12	11 v. u.	in der ägyptischen	der ägyptischen
12	13 v. u.	im Griechenland	in Griechenland
16	10 v. o.	vorkommen	vorkommt
—	—	Unter	Neben
—	24	dem Zischlauten	den Zischlauten
20	20 v. o.	zweier	der beiden
24	13 v. o.	Bachanalibus	Bacchanalibus
26	8 v. o.	Malgulnia	Magulnia
26	8 v. u.	Käeso	Kaeso
29	4 v. u.	Antonius	Antoninus
—	8 v. u.	(in Anm.) ἐχόντος	ἔχοντος
—	Anm. 5)	was	welches
31	13 v. u.	wurde, das	wurde. Das
—	5 v. u.	erläuterten	erläuternden
39	8 v. o.	aufgerieben	aufgeschrieben
—	7 v. u.	(in Anm.) ἐχέχρηντο	ἐχέχρηντυ
43	2 v. u.	(Anm.) corium	corium
48	Anm. 3)	satus augustum	satis augustum
50	Anm. 5)	Dion	Diom.
49	4 v. u.	(Anm.) San	Jan.
67	die letzte v. u.	pleraque	pleraeque
81	Anm. 3)	constitum	constitutum
82	Anm. 1)	orbi	orti
96	Anm. 3)	creare	creari
118	Anm. 1)	Ce	De
—	Anm. 4)	Lucana(m)	Loucanam
—	.	aede(m)	aide(m)
121	Z. 16 v. o.	бья	бѣг
122	Anm. 3)	Fest	Fast.
123	Anm. 8)	de Reg.	de Rep.
131	Z. 18 v. o.	лть	ять
135	Anm. 1)	Wiederherstellung	Uebersetzung
—	Anm. 5)	vacant	vocant